W0211072

Inhaltsverzeichnis

Inhaltsverzeichnis

Vorwort

Eine Methode ist der Weg, den man gehen kann, um einem Lernziel näher zu kommen. Die Leseförderung und der **sicherer Umgang mit Texten** sind zentrale Ziele der Deutschdidaktik. Neben dem Lesevermögen an sich sind Textverständnis und das selbstständige **Erschließen, Überarbeiten und Darstellen von Texten** wichtige Ziele der Lehrpläne.

Bei vielen Methoden beziehe ich mich auf **handlungs- und produktionsorientierte Verfahren** von Haas und Waldmann (s. Literaturtipps). Durch vielfältige Herangehensweisen werden alle Lerntypen angesprochen, die **Lesemotivation** der Kinder steigt, das Arbeiten erhöht die **Selbsttätigkeit** und ermöglicht einen **individualisierenden Unterricht**.

Aus der Praxis weiß ich, dass von einem vielseitigen, aktiven und kompetenzorientiertem Umgang mit Texten alle Schüler profitieren können, da so ein differenzierter Zugang zu den Texten ermöglicht wird. Damit Sie sich im Alltag schnell viele Methoden in ihr Bewusstsein rufen können, sind alle Methoden möglichst präzise betitelt und in ihren Bestandteilen und Abläufen umrissen. Dabei sollten Sie sich immer bewusst machen, dass es sich dabei lediglich um eine Möglichkeit für die Umsetzung handelt, welche Sie individuell auf die Bedürfnisse Ihrer Klasse anpassen können.

Aufbau des Buches

Das Buch ist in sechs Kapitel unterteilt. Zu Beginn jeder Methode wird kurz erläutert, welches *Lernziel* sie verfolgt, welches *Material* benötigt wird, für welche *Klassenstufe, Sozialform* und *Textsorte* die Methode am besten geeignet ist.

Da die benötigte Zeit sehr von Ihrer Lerngruppe, dem Text und der Bekanntheit der Methode abhängt habe ich diese nicht näher spezifiziert. Wenn Sie eine Methode zum ersten Mal durchführen, werden Sie vermutlich zunächst etwas mehr Zeit benötigen. Je gründlicher eine Methode eingeführt wurde, umso schneller können die Kinder diese in der Zukunft umsetzen. Nehmen Sie sich daher beim Einführen einer neuen Methode immer ausreichend Zeit und wiederholen Sie die Methode nach wenigen Stunden, um diese zu festigen.

Salome P. Mithra

Vorwort

Kapitelübersicht

- **Lesen und Vorlesen** *(ab S. 7)*
  Das Lesen und Vorlesen sind zentrale Punkte des Unterrichts, hierbei geht es zum einen um das gestalterische Lesen sowie um die Informationsgewinnung. So geht es hier in diesem Kapitel vor allem um Methoden, das Lesen und Vorlesen zu gestalten, Lesestrategien anzuwenden und einen Raum für das Vorlesen zu schaffen.

- **Texte bewerten und überarbeiten** *(ab S. 15)*
  Das Entwickeln von eigenen Meinungen, das Äußern von konstruktiver Kritik, das Argumentieren und Annehmen von Rückmeldungen sind wichtige Kompetenzen, die hier trainiert werden.

- **Texte präsentieren** *(ab S. 25)*
  In diesem Kapitel erhalten Sie einige methodische Ideen bezüglich Ergebnispräsentation, Anerkennung und Lob, welche sich leicht umsetzen lassen.

- **Textproduktive Verfahren** *(ab S. 35)*
  Dieses Kapitel nimmt den größten Raum in diesem Buch ein. Hierin setzen sich die Kinder mit einem Originaltext auseinander, indem sie (meist schriftlich) auf ihn reagieren. Texte werden umgestaltet, gekürzt, erweitert oder aus einer anderen Perspektive erzählt.

- **Szenische Gestaltung** *(ab S. 67)*
  Beim Spielen von Rollenspielen und Pantomime lernen die Kinder, sich in den Text hineinzuversetzen und Stimmungen, Beziehungen und Gefühle darzustellen.

- **Visuelle und akustische Gestaltung** *(ab S. 75)*
  Neben dem Malen von Bildern steht das Erstellen von Collagen, grafischen Umsetzungen und vielen weiteren Verfahren im Mittelpunkt. Dabei ist das primäre Ziel, dass die Kinder Texte in eine andere Darstellungsform übertragen. Die Kinder lernen, Texte nicht nur über Vorlesen akustisch zu präsentieren, sondern sie gestalten u. a. Hörspiele, Stimmen-Skulpturen und Stimmungsvorträge.

Lesen und Vorlesen

1 Lesestrategien anwenden

Lernziel	Lesestrategien anwenden
Klassenstufe	2.–4. Schuljahr
Sozialform	Einzelarbeit
Material	Textvorlage für jedes Kind
Geeignet für	v. a. für Sachtexte

Das bereiten Sie vor

Bereiten Sie je nach Lesestrategie, die angewendet werden soll, einen Text für die Schüler vor.

So geht es

Führen Sie nach und nach einzelne Strategien ein, welche den Kindern das Verständnis für die Texte erleichtern wird. Achten Sie darauf, diese Strategien so einzuführen, dass jedes Kind diese verstanden hat und selbstständig anwenden kann.

Differenzierung

Konzipieren Sie für Ihre Schüler verschiedene Übungstexte mit verschiedenen Schwierigkeitsniveaus, an denen die Kinder die Techniken erproben können. Es geht zunächst nicht darum, einen bestimmten Inhalt zu erfassen, sondern darum, die Strategie anwenden zu können.

Die Lesestrategien im Überblick

1. **Titel lesen**
   Was verrät der Titel über den Text? Worum geht es wohl? Welches Vorwissen hast du zu diesem Thema?

2. **Text überfliegen**
   Überfliege mit den Augen den Text. Wie beginnen die einzelnen Abschnitte? Welche Schlüsselwörter fallen dir ins Auge?

3. **Fragen an den Text stellen**
   Überlege dir, auf welche W-Fragen (wer, wie, wann, wo, warum etc.) dir der Text Antworten liefern könnte. Schreibe diese Fragen auf einen Notizzettel.

4. **Gründlich lesen und Schlüsselwörter markieren**
   Lies den Text langsam und gründlich, unterstreiche die Schlüsselwörter. Unterstreiche Wörter, die du nicht verstehst, mit einer anderen Farbe. Schlage diese im Wörterbuch nach.

5. **Den Text gliedern**
   Gliedere den Text in Sinnabschnitte.

6. **Kernaussagen an den Rand schreiben**
   Fasse den Inhalt jedes Abschnittes kurz für dich zusammen, und notiere am Rand die Kernaussagen.

7. **Textpassagen mit Überschriften versehen**
   Schreibe zu jedem Textabschnitt eine passende Überschrift.

8. **Bilder/Diagramme betrachten**
   Was verraten dir Bilder und Diagramme? Beinhalten sie zusätzliche Informationen für dich?

9. **Fragen zum Text beantworten**
   Sieh dir die Fragen an, die du an den Text gestellt hast. Kannst du diese nun beantworten?

10. **Den Text bildlich oder grafisch veranschaulichen**
    Veranschauliche den Text, indem du eine andere Darstellungsform für den Inhalt des Textes findest. Male ein Bild, gestalte ein Cluster, eine Mind-Map, eine Tabelle etc.

11. **Anreicherung des Textes**
    Ergänze die Aussagen des Textes durch Beispiele, Erläuterungen oder Ergänzungen, die du aufgrund deines Vorwissens kennst.

12. **In eigenen Worten (Paraphrasieren)**
    Fasse den Inhalt des Textes in eigenen Worten zusammen.

2 Textsurfen

Lernziel	schnelles Auffinden von Textstellen durch diagonales, überfliegendes und fokussierendes Lesen
Klassenstufe	1.–3. Schuljahr
Sozialform	Einzel- und Partnerarbeit
Material	Textvorlage für jedes Kind
Geeignet für	fast alle Textsorten (literarische Texte, Sach- und Zeitungstexte)

Das bereiten Sie vor

Bereiten Sie einen gemeinsamen Lesetext für die Klasse vor.
Verteilen Sie ein Exemplar an jedes Kind.

So geht es

Erklären Sie den Kindern zunächst die „Spielregeln" des Textsurfens:
Es geht darum, möglichst schnell einen Text zu überfliegen und die Zeile zu finden, die Sie vorlesen.
Beginnen Sie, eine Textstelle aus dem Text herauszugreifen, und ab dort vorzulesen. Die Aufgabe der Kinder ist es nun, möglichst schnell die Stelle, die Sie vorlesen, zu finden. Wer die Textstelle gefunden hat, stellt sich hin und stimmt mit in das Lesen ein. Merkt ein Kind, dass es sich geirrt hat, so setzt es sich wieder und versucht weiter, die richtige Textstelle zu finden. Lesen Sie so lange weiter, bis möglichst alle Kinder die Textstelle gefunden haben. Als Nächstes darf der Schüler, der zuerst mitlesen konnte, die Rolle des Vorlesers übernehmen.

Differenzierung

Lassen Sie schwächere Kinder den Text zuvor leise für sich lesen, und markieren Sie für diese die Schlüsselwörter des Textes, oder lassen Sie diese vor Beginn dieser Übung markieren.

Im Chor lesen 3

Lernziel	Ausdruck und Sprachmelodien erproben
Klassenstufe	1.–4. Schuljahr
Sozialform	Gruppenarbeit
Material	Textvorlage für jeden Schüler
Geeignet für	alle Textsorten

Das bereiten Sie vor

Wählen Sie einen Text aus, den die ganze Klasse lesen kann, z. B. einen Schülertext, eine Kurzgeschichte, einen Werbeprospekt etc.

So geht es

Lassen Sie zunächst von den Kindern still die ersten beiden Sätze lesen. Erklären Sie ihnen, dass sie diese nun zusammen unter Ihrer Leitung vorlesen werden. Sie stellen den Chorleiter dar. Geben Sie durch Ansagen und Dirigieren den Ausdruck, die Lautstärke und das Sprechtempo vor. Nun können sich die Kinder in Gruppen zusammenfinden und den Text gemeinsam einüben. In jeder Gruppe übernimmt ein Schüler (abwechselnd) die Rolle des Dirigenten. Gehen Sie herum und geben Sie Anregungen, welchen Ausdruck die Kinder sprachlich umsetzen sollen und wie sie die Betonung verbessern können. Zum Schluss stellt jede Gruppe ihre Ergebnisse vor.

Differenzierung

Geben Sie schwächeren Gruppen einen gut vorstrukturierten Text mit einfachen und kurzen Sätzen. Geben Sie den Text diesen Kindern schon vor dieser Übung zum Lesen, sodass Sie diesen flüssiger lesen können.

Am schwierigsten ist es, einen Fantasietext zu lesen, der aus reinen Quatschwörtern besteht.

Variante

Bereiten Sie für die Gruppen zwei Boxen vor. In eine Box kommen Stimmungsvorgaben (traurig, wütend, fröhlich), wie der Text gelesen werden soll. In die andere kommen Vortragsanweisungen, wie schnell, langsam, singend etc. Die Gruppen können nun einen oder zwei Zettel ziehen und die Anweisungen umsetzen.

4 Gestaltendes Lesen

Lernziel	gemeinsames Lesen mit Rollen
Klassenstufe	1.–2. Schuljahr
Sozialform	Kleingruppenarbeit
Material	Textvorlagen (Bilderbücher, Fabeln, Kurzgeschichten etc.) für jede Gruppe
Geeignet für	die meisten Textsorten, v.a. Fabeln und Bilderbücher

Das bereiten Sie vor

Suchen Sie passende Texte aus, die sich am Leistungsniveau der einzelnen Schüler orientieren. Überlegen Sie sich zu jedem Text, wie viele Sprecherrollen (Figuren und Anzahl der Erzähler) es geben soll. Markieren Sie die Rollen im Text, oder schreiben Sie diese auf einen Zettel, den Sie den Schülern als Hilfe dazulegen.

So geht es

Besprechen Sie mit Ihren Schülern, wie schön es ist, einen Text mit der eigenen Stimme zum Leben zu erwecken, indem sie eine flüssige und dem Text angebrachte Sprachmelodik einsetzen.
Teilen Sie Gruppen ein. Nachdem sich die Kinder die Geschichten in den Gruppen vorgelesen haben, teilen sie die Sprecherrollen untereinander auf und üben getrennt ihre Textpassagen. Nach einer kurzen Einzelarbeitsphase proben die Kinder nun zusammen das gemeinsame flüssige Vorlesen. In einer Präsentationsphase können die Schüler nun ihre Geschichten den anderen vortragen.

Differenzierung

Die Kinder überlegen, wie ein Satz gelesen werden sollte, an dem steht, dass die Person weint, wütend ist etc.

Schwächere Leser nehmen den Text zunächst mit nach Hause und präsentieren ihn erst am nächsten Tag der ganzen Gruppe.

Nacherzählen und lesen

5

Lernziel	Geschichten behalten, strukturieren und nacherzählen
Klassenstufe	1.–3. Schuljahr
Sozialform	Kleingruppenarbeit (3 Kinder)
Material	Textvorlage für jedes Kind
Geeignet für	Kurzgeschichten, Fabeln und kurze Sachtexte

Das bereiten Sie vor

Bereiten sie einige sehr einfache Kurzgeschichten oder Fabeln vor. Laminieren Sie diese, so können Sie die Texte über einen längeren Zeitraum zusätzlich als Lesestoff anbieten. Bearbeiten Sie die Texte oder schreiben Sie die Texte selbst, wenn Sie nicht auf geeignetes Material für Ihre Schüler stoßen.

Tipp

In der ersten Klasse empfiehlt sich diese Methode in der Freiarbeit. Dabei fungieren Sie als Vorleser für die Kinder.

So geht es

Die Kinder schließen sich zu Dreiergruppen zusammen. Je ein Kind geht an das andere Ende des Raumes und wartet, bis es gerufen wird.
Eines der verbliebenen Kinder liest nun dem anderen eine Geschichte vor. Das dritte Kind wird wieder dazugeholt. Das Kind, welches die Geschichte gehört hat, erzählt nun die Geschichte dem dritten Kind weiter. Dieses wiederum merkt sich die Geschichte und erzählt diese im Anschluss aus dem Gedächtnis nach. Abschließend entscheiden die Kinder gemeinsam, wie nahe sie noch an der Originalfassung waren.
Dazu lesen sie ggf. nochmals gemeinsam den Text.

Variante

Sie können den Text auch auf Kassette aufnehmen. Die Kinder hören sich diesen an und erzählen ihn nach.

6 Vorlese-Sessel

Lernziel	Texten Raum geben zum Vorlesen und Lesen
Klassenstufe	1.–4. Schuljahr
Sozialform	ganze Klasse
Material	Sessel (oder Stuhl), Teppich, Kissen, Bücherregal
Geeignet für	alle Textsorten

Das bereiten Sie vor

Gestalten Sie den Vorlesesessel oder eine Schmökerecke mit einem Teppich, Bücherregal, Kissen und einem Sessel.

So geht es

Nutzen Sie den Vorlesesessel, um den Kindern vorzulesen oder diese ihre Texte präsentieren zu lassen.
Die Schmökerecke soll sowohl zum ruhigen Lesen einladen als auch das partnerschaftliche Lesen fördern sowie eine Austauschmöglichkeit über Bücher darstellen.

Variante

Gestalten Sie einen besonderen Stuhl, indem Sie ihn beispielsweise mit Zeitungsschnipseln und Comics bekleben und mit Klarlack versiegeln.

Texte bewerten und überarbeiten

7 Ein Buch bewerten

Lernziel	|	Texte beurteilen und bewerten
Klassenstufe	|	1.–4. Schuljahr
Sozialform	|	Einzelarbeit, Unterrichtsgespräch
Material	|	Bücher und Lesehefte
Geeignet für	|	die meisten Textsorten

Das bereiten Sie vor

Verteilen Sie im Voraus an die Kinder eine Lesehausaufgabe, in der diese ein Leseheft oder Buch ganz lesen sollen. Dabei dürfen die Kinder sich ihre Lektüre selbst auswählen. Stellen Sie hierfür den Kindern eine große Auswahl von Büchern und Heften zur Verfügung.

So geht es

Erarbeiten Sie zunächst mit den Schülern Kriterien, unter denen sie eine Bewertung von Büchern vollziehen möchten.

Welche Informationen bei einer Buchbewertung sind für andere Leser wichtig?
Was würdest du gerne wissen, bevor du ein Buch liest?

Nachdem der Rahmen der Kriterien umrissen ist, arbeiten die Kinder eigenständig und bewerten ihre Lektüre. In einer abschließenden Gesprächsrunde im Sitzkreis bekommen einzelne Schüler die Gelegenheit, ihre Buchbewertung den anderen Kindern vorzustellen.
Je nach Alter und Leistungsvermögen können Sie den Schülern ein offeneres oder engeres Bewertungsraster an die Hand geben.

Variante

Legen Sie mit ihren Schülern ein Lesetagebuch (S. 31) an, in welches sie alle Lesehefte und Bücher schreiben, die sie gelesen haben.

Textlupe 8

Lernziel	Texte nach bestimmten Kriterien beurteilen
Klassenstufe	1.–4. Schuljahr
Sozialform	Einzel- und Partnerarbeit
Material	Schülertext für jede Gruppe
Geeignet für	v. a. Schülertexte (Erzählungen, Märchen, Geschichten etc.)

Das bereiten Sie vor

Tippen Sie ein paar Schülertexte ab, und korrigieren Sie Rechtschreib- und Zeichensetzungsfehler.
Machen Sie den Kindern deutlich, dass es bei dieser Methode darum geht, dem Verfasser zu helfen, seinen Text zu verbessern, und dass ein respektvoller Umgang mit diesen Texten angebracht ist.
Achten Sie darauf, dass kein Kind den eigenen Text bearbeite!
Nummerieren Sie die Textzeilen der Schülertexte durch.

So geht es

Die Kinder finden sich in Kleingruppen von drei bis vier Schülern zusammen. Jedes Kind liest den Text zunächst in eigenem Tempo. Anschließend können sich die Schüler jeweils eine „Textlupe" zur Hand nehmen und mit Kommentaren und Verbesserungsvorschlägen füllen. Die Textlupen werden an den Verfasser für eine Überarbeitung zurückgegeben. Die Verfasser können sich nun die Kommentare der Mitschüler ansehen und die Anregungen aufgreifen und ihre Texte verbessern.

Titel: ______________________ Von: ______________________

Das hat mir gefallen!	Hier stört mich etwas	Vorschlag zur Verbesserung:

9 Schreibkonferenz

Lernziel	eine Schreibkonferenz veranstalten
Klassenstufe	3.–4. Schuljahr
Sozialform	Kleingruppenarbeit
Material	Textvorlage und Schreibkonferenzzettel für jedes Kind
Geeignet für	alle Textsorten (auch Schülertexte)

Das bereiten Sie vor

Bereiten sie die Texte und die Schreibkonferenzzettel für die Kinder vor.

So geht es

Weisen Sie die Schüler darauf hin, dass es bei dieser Methode darum geht, einen Mitschüler zu beraten, und dass dieser als Verfasser des Textes Vorschläge annehmen kann, aber nicht muss.
Die Schüler treffen sich in Kleingruppen. Der Verfasser, der die anderen Kinder zur Schreibkonferenz eingeladen hat, verteilt die Schreibkonferenzzettel (s.u.) und liest seinen Text vor. Anschließend äußern sich die Kinder spontan zum Text und orientieren sich daraufhin an den Fragen des Schreibkonferenzzettels.

Sind die inhaltlichen Einzelheiten klar?
Ist die Sprache der Textsorte angemessen?

Der Autor markiert sich währenddessen die Stellen, die er überarbeiten sollte, und notiert sich Vorschläge. Nun wird der Text auf orthografische Richtigkeit geprüft. In Einzelarbeit setzt der Autor des Textes die Anmerkungen der Gruppe um und legt Ihnen das Endprodukt vor.

Die wichtigsten Fragen:

1. Habe ich verstanden, worum es im Text geht?
2. Konnte ich mir alles gut vorstellen?
3. Sind die Inhalte korrekt?
4. Ist das Ende schlüssig?
5. Was sollte ausführlicher beschrieben werden?
6. Ist der Schreibstil passend? (Interessant, lustig, informativ etc.)

Über den Rand schreiben 10

Lernziel	einen Text überarbeiten
Klassenstufe	2.–4. Schuljahr
Sozialform	Kleingruppenarbeit
Material	Textvorlage (DIN A3) als Ausdruck für jede Kleingruppe, Zettel oder Post-its
Geeignet für	Schüler- und Fremdtexte

Das bereiten Sie vor

Bereiten Sie eine Textvorlage für jede Kleingruppe vor. Vergrößern Sie hierfür den Text auf DIN A3. Nummerieren Sie die Textzeilen der Schülertexte durch. Dies erleichtert ein Gespräch über die Textbearbeitung.

So geht es

Die Kinder lesen gemeinsam den Text einmal. Im Anschluss gehen sie den Text erneut durch und nummerieren die Stellen des Textes, zu denen sie Anmerkungen machen oder Verbesserungen anmerken wollen. Die Kinder notieren ihre Veränderungsvorschläge auf Zetteln und heften diese an den Rand des Textes. Bei ihrer Arbeit achten die Kinder sowohl auf den Inhalt als auch auf den Stil.

Die überarbeiteten Texte werden nach Beendigung der Gruppenarbeit an den Autor zurückgegeben. Der Autor kann bei der Überarbeitung nun frei entscheiden, welche Vorschläge er übernimmt, welche er etwas umformuliert und welche er nicht beachten möchte.

Differenzierung

- Um Kindern die Bearbeitung zu erleichtern, können Sie allen Gruppen den gleichen Text geben, aber jeder Gruppe einen unterschiedlichen Arbeitsauftrag. So wird eine Gruppe zu den Experten des Aufbaus, der Sprache, der Grammatik und Rechtschreibung oder des Inhalts.
- Tippen Sie die Schülertexte mit dem Computer ab, dies erleichtert das Lesen für die Kinder ungemein.

11 Feedback

Lernziel	Rückmeldungen annehmen und umsetzen
Klassenstufe	2.–4. Schuljahr
Sozialform	ganze Klasse
Material	Schülertexte, Zettel
Geeignet für	alle Schülerarbeiten

Das bereiten Sie vor

Bereiten Sie Zettel für ein Feedback vor.

So geht es

Der Autor des Textes liest seinen Text vor. Währenddessen oder im Anschluss notieren sich die Zuhörer einen Aussagesatz, eine Frage, einen Vorschlag oder einen Kommentar auf einem Zettel. Wollen die Kinder mehrere Aussagen tätigen, so schreiben sie jede Rückmeldung auf einen anderen Zettel. Nun liest jedes Kind seinen Satz vor und hängt ihn an die Tafel. Haben zwei Kinder eine identische Aussage, werden diese neben- oder übereinandergehängt. Anschließend kann der Autor zu einigen Punkten, die ihm wichtig sind, eine Rückmeldung geben. Alle Feedback-Zettel werden an den Autor übergeben. Dieser wählt sich nun einige aus, deren Hinweise er in einer Überarbeitung berücksichtigen möchte. Hat der Schüler die Überarbeitung abgeschlossen, kann er bis zu drei Schüler zu einer zweiten Lesung einladen. Zunächst stellt er die Feedbackzettel vor, welche er berücksichtigt hat, und anschließend die Überarbeitung.
Nun beurteilen die Zuhörer, ob der Autor das Feedback gut umgesetzt hat.

Variante

Bereiten Sie für die Kinder spezielle Feedback-Kärtchen vor.

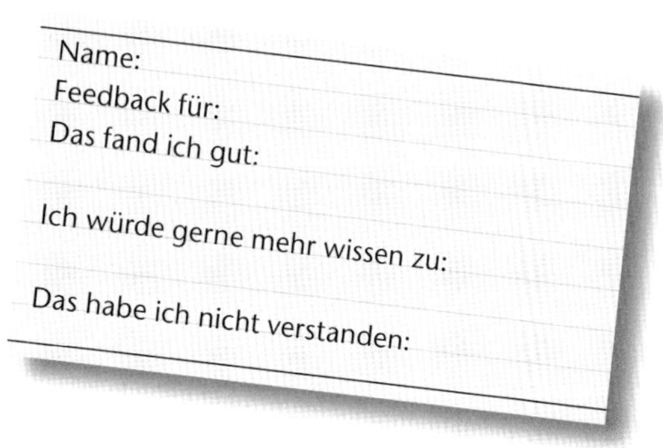

Hinweis

Bei der Rückmeldung zu Schülerarbeiten ist ein respektvoller Umgang sehr wichtig.

Textvergleich 12

Lernziel	zwei Texte vergleichen
Klassenstufe	3.–4. Schuljahr
Sozialform	Partnerarbeit
Material	Textvorlage für jeden Schüler
Geeignet für	v. a. den Vergleich von einem Sach- mit einem Prosatext

Das bereiten Sie vor

Suchen Sie sich zwei Texte zu einem Thema, und bereiten Sie die Vorlagen für die Kinder vor.

So geht es

Geben Sie den Kindern für die Partnerarbeit zwei Texte, welche diese sich gegenseitig vorlesen. Die Kinder versuchen nun, für jeden Text zunächst eine Mind-Map zu erstellen, in welche sie das Thema und andere Merkmale der Texte notieren. Anschließend arbeiten sie Gemeinsamkeiten und Unterschiede der Texte heraus, indem sie z. B. alle Gemeinsamkeiten in der gleichen Farbe umranden und alle Unterschiede in einer anderen Farbe unterstreichen. Sammeln Sie gemeinsam mit den Kindern im Unterrichtsgespräch die Gemeinsamkeiten und Unterschiede an der Tafel.

Varianten

- Lassen Sie sich im Anschluss an die Partnerarbeit die Kinder zu Kleingruppen zusammenschließen. Dort stellen diese ihre Ergebnisse vor und vergleichen sie mit den anderen Kindern.
- Sie können den Textvergleich auch nutzen, um die verschiedenen Merkmale einer Textsorte zu erarbeiten.

13 Kommentarlawine

Lernziel	Texte kommentieren
Klassenstufe	3.–4. Schuljahr
Sozialform	Kleingruppenarbeit
Material	Textvorlage (Schülertext), DIN-A3-Papier, Kleber
Geeignet für	die meisten Textsorten (insbesondere für Schülertexte)

Das bereiten Sie vor

Bereiten Sie die Textvorlagen vor, indem Sie diese mittig auf ein DIN-A3-Blatt kleben. Jede Kleingruppe benötigt so viele Texte wie Mitglieder.
Wenn Sie Schülertexte verwenden, kopieren Sie diese und kleben Sie diese auf. Die Schüler sollten nicht ihren eigenen Text bearbeiten.

So geht es

Die Kleingruppen treffen sich an Gruppentischen und lesen zunächst still den Text. Nun notieren sich die Kinder ein paar Kommentare an den Seiten des Textes. Hierzu können einzelne Textstellen eingekreist werden, um diese zu markieren etc.
Sind die Schüler fertig, geben sie ihr Blatt an den nächsten Schüler weiter. Dieser sieht sich die Kommentare des Vorgängers an und kommentiert oder ergänzt diese. So werden die Kommentare ergänzt und weitergegeben, bis jeder wieder sein ursprüngliches Blatt vor sich hat und die Kommentare der anderen gelesen hat.
Diese Kommentarzettel werden an den Autor bzw. Sie zurückgegeben.
Der Autor des Textes liest die Kommentare der Mitschüler und versucht, in einer Überarbeitung des Textes auf die Anregungen der Schüler einzugehen.

Antworttexte 14

Lernziel	auf Texte reagieren und antworten
Klassenstufe	3.–4. Schuljahr
Sozialform	Einzel- und Partnerarbeit
Material	Textvorlage (Schülertext) für jedes Kind
Geeignet für	viele Schülertexte und Textsorten

Das bereiten Sie vor

Bereiten Sie die Textvorlagen für die Schüler vor.
Sie können Schülertexte oder auch andere Lesetexte verwenden.

So geht es

Erklären Sie den Kindern, dass sie nun auf einen Text reagieren können, indem Sie ihn umschreiben, ihn weiterführen oder einen Gegentext schreiben. Lassen Sie die Kinder den Text still im eigenen Tempo lesen. Besprechen Sie kurz mit den Kindern, wie diese auf den Text reagieren wollen.
Nun machen sich die Kinder an die Arbeit. Je vielfältiger die Art der Antworttexte ist, desto vielseitiger und spannender ist das Ergebnis. Stellen Sie diese in der Präsentationsecke aus, oder gestalten Sie eine kleine Galerie.

Tipp

Stellen Sie den Kindern eine kleine Kartei zur Verfügung, aus der sie sich Ideen zur Umsetzung entnehmen können.
Beispiele hierfür wären:

- Text weiterschreiben (S. 43)
- Episode einfügen (S. 45)
- den Sprachstil verändern (S. 60)
- einen Comic malen (S. 81)
- ein Gedicht schreiben (S. 49)

15 Lektorieren

Lernziel	Texte untersuchen und überarbeiten
Klassenstufe	3.–4. Schuljahr
Sozialform	Einzel- und Partnerarbeit
Material	Schülertexte
Geeignet für	alle Schülertexte

Das bereiten Sie vor

Wählen Sie von jedem Schüler einen Schülertext aus. Verwenden Sie diese Methode besonders, wenn der Text z. B. auf der Schul-Homepage, in dem Klassengeschichtenbuch oder der Literaturzeitschrift (S. 87) veröffentlicht werden soll.

So geht es

Erklären Sie Ihren Schülern, dass Bücher vor dem Veröffentlichen einem Lektor vorgelegt werden. Dieser liest die Texte, beurteilt und überarbeitet sie. Die Kinder können sich im Folgenden überlegen, für welches Teilgebiet sie „Profi-Lektor" sein wollen. Dabei wählen die Kinder zwischen den Spezialgebieten: inhaltliche Stimmigkeit, Wortwahl/Stil, Grammatik/Satzbau und Rechtschreibung.
Anschließend verteilen Sie die Schülertexte an die Kinder, die diese nun still lesen und überarbeiten. Dabei bemüht sich jedes Kind um alle vier Kriterien, achtet aber vor allem auf sein Spezialgebiet. Seine Korrekturen schreibt das Kind zunächst mit einem andersfarbigen Stift in den Originaltext. Ist der Text fertig lektoriert, kann dieser entweder nach Ihrer Abnahme sofort „veröffentlicht" werden oder einem anderen Lektor mit einem anderen Spezialgebiet vorgelegt werden. Abschließend wird der gesamte Text neu abgetippt oder neu abgeschrieben.

Variante

Verteilen Sie Profi-Karten an die Kinder, die diesen bestimmte Rollen zuteilen. Notieren Sie auf den Rollenkarten die wichtigsten Aspekte, welche die Kinder beachten müssen.

Texte präsentieren

16 Präsentationsecke

Lernziel	Bücher, Texte und Bilder ausstellen und präsentieren
Klassenstufe	1.–4. Schuljahr
Sozialform	ganze Klasse
Material	Bücher, Tonpapier, Papier, Farben und Stifte, Teppich oder Podest, Beleuchtung, evtl. CD-Spieler
Geeignet für	alle Textsorten

Das bereiten Sie vor

Stellen Sie alle Materialien zur Verfügung, die Sie zur Ausgestaltung der Präsentationsecke vorsehen.

So geht es

Die Schüler gestalten zusammen eine Ecke des Raumes zu einer Präsentationsecke um. Legen Sie den Boden dort mit einem Teppich aus oder bauen Sie ein kleines Podest. Sorgen Sie zudem für eine besondere Beleuchtung. Hierfür eignen sich die meisten Stehlampen oder Deckenfluter. Die Wände können Sie mit dem Schriftzug „Präsentationsecke" versehen. Lassen Sie hierfür die Kinder große Buchstabenumrisse in DIN A4 ausmalen und ausschneiden. Diese können auf buntes Tonpapier geklebt und knapp unter die Decke gehangen werden. Die Präsentationsecke kann genutzt werden, um Texte vorzulesen, vorzuspielen oder sie an der Wand zu präsentieren.
Neben Plakaten und einer Bücherwand können so kleine Dialoge, pantomimische Vorführungen (S. 69) oder auch Knetfiguren (S. 82) und Standbilder (S. 68) in einem besonderen Rahmen präsentiert werden.

Hinweis

Durch die Präsentationsecke können die Kinder schon früh das ungezwungene Präsentieren lernen und das freie Sprechen vor anderen trainieren.
Lassen Sie die Präsentationsecke nach ein paar Wochen von kleinen Schülergruppen zu einem anderen Thema umdekorieren. Dabei können Sie jahreszeitliche Aspekte oder Unterrichtsthemen zum Anlass nehmen.

Bücher- und Themenkästen

Lernziel	Kästen zu einem Text passend gestalten
Klassenstufe	1.–4. Schuljahr
Sozialform	ganze Klasse
Material	Texte oder Bücher, Schuhkartons, Tonpapier, Geschenkpapier, Papier, Klebstoff, Scheren, Wassermalfarbe, Muscheln, Federn etc.
Geeignet für	die meisten Textsorten

Das bereiten Sie vor

Bitten Sie die Kinder, deren Lieblingsbuch, einen Schuhkarton sowie alle möglichen Kleinigkeiten und andere Bücher, die zu dem jeweiligen Thema ihres Buches passen, mitzubringen.

So geht es

Die Kinder bekleben zunächst die Schuhkartons von außen mit Ton- oder Geschenkpapier. Anschließend werden die Themenkästen außen mit dem Titel des Buches und dem Autor gestaltet. Nun kommen alle Utensilien, die die Kinder mit ihrem Lieblingsbuch verbinden, in den Karton.
Die Kinder können zudem Figuren des Buches malen und hineinlegen.
In den Deckel des Schuhkartons können die Kinder außerdem eine kleine Zusammenfassung des Buches kleben.

Variante

Stellen Sie zusammen mit den Kindern möglichst viele verschiedene Themenkästen zusammen, die sie mit Bildern, Fotos, Nachschlagewerken und Gegenständen (Muscheln, Sand etc.) füllen. Schreiben Sie zu jedem Themenkasten einige Aufgabenkarten, welche die Schüler anregen, sich noch näher mit dem Thema zu befassen.
Achten Sie darauf, dass sich die Aufträge auf die Materialien und Texte im Kasten beziehen. Damit immer alle Kästen schnell auf Vollständigkeit überprüft werden können, sollten Sie den Inhalt auf einer Materialliste im Deckel festhalten.

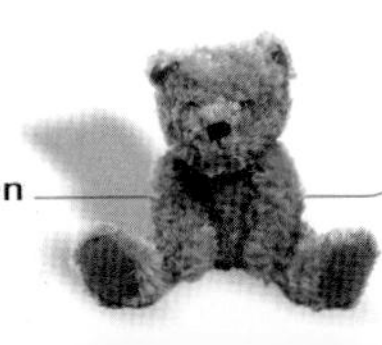

18 Lesezirkel

Lernziel	über Literatur sprechen, Meinungen und Argumentationen austauschen
Klassenstufe	2.–4. Schuljahr
Sozialform	Kleingruppenarbeit
Material	Bücher oder Texte für die Kinder
Geeignet für	viele Bücher oder Kurzgeschichten

Das bereiten Sie vor

Stellen Sie den Gruppen eine Auswahl an Büchern (oder Texten) zur Verfügung. In vielen Büchereien haben Sie die Möglichkeit, sich Bücherkisten für die Klasse auszuleihen.

So geht es

Die Kinder finden sich in möglichst leistungshomogenen Gruppen zusammen. Lassen Sie die Gruppen nacheinander je ein Buch ausleihen, das sie bis zur nächsten Woche gelesen haben sollten.

Jeder Schüler benötigt, um diese Lesehausaufgabe durchführen zu können, eine eigene Lektüre. Nach der Vorbereitungswoche treffen sich die Kinder in den Kleingruppen und sprechen über ihre Lektüren. Diese Lesezirkel sollten in einer entspannten Atmosphäre stattfinden. Lassen Sie die Kinder auf dem Boden sitzen oder liegen. Achten Sie aber dennoch auf einige Grundsätze, welche die Kinder berücksichtigen sollten! Legen Sie hierzu mit Ihrer Klasse einige Regeln fest. Die Gruppen notieren während des Gesprächs ihre Meinungen und Erkenntnisse. Sammeln Sie diese Mitschriften in einem Ordner, so können Gruppen, welche die gleichen Bücher gelesen haben, die Meinungen der anderen lesen oder sich aufgrund einer positiven Bewertung für das Lesen dieses Buches entscheiden. Regen Sie die Gruppen auch zu einem Austausch über die Bücher an.

Differenzierung

Je differenzierter Ihre Vorgaben sind, was die Gruppen besprechen sollen, desto leichter fällt es den Gruppen, sich auszutauschen. Entwickeln Sie daher für schwächere Gruppen einen Fragenkatalog, an dem sich die Kinder orientieren können.

Variante

Die Kinder füllen im Anschluss an die Diskussionsrunde ihr Lesetagebuch (S. 31) aus.

19 Bücher raten

Lernziel	einem Titelbild eine passende Textpassage zuordnen
Klassenstufe	2.–4. Schuljahr
Sozialform	Kleingruppenarbeit
Material	Bücher, Textvorlagen für jede Gruppe
Geeignet für	die meisten Textsorten

Das bereiten Sie vor

Kopieren Sie aus jedem Buch eine charakteristische Textpassage und schwärzen Sie ggf. die Namen, falls diese im Buchtitel vorkommen. Nummerieren Sie die Texte mit A, B, C usw. Kopieren Sie die Texte in der Anzahl der jeweiligen Gruppengröße. Legen Sie die Bücher in einer Art Ausstellung für die Kinder aus.

So geht es

Verteilen Sie die Texte. Zunächst liest jedes Kind seinen Text still für sich. Anschließend darf es in der „Ausstellung" umhergehen und die Titelbilder betrachten. Dabei überlegen sich die Kinder, aus welchem Buch ihr Textstück stammen könnte.

Welche Hinweise gibt der Text? Wo spielt die Geschichte?
Wer ist die Hauptfigur? Worum geht es in dem Text?

In der anschließenden Gruppenarbeit besprechen sich die Kinder und notieren sich die Hinweise, die sie zu ihrem Schluss kommen lassen. Abschließend präsentiert jede Kleingruppe ihre Vermutungen und nimmt sich das entsprechende Buch. Haben sich zwei Gruppen für das gleiche Buch entschieden, stellen sich beide zu dem jeweiligen Buch. Welche Gruppe hatte mit ihrer Vermutung recht? Lassen Sie die Gruppen nach der jeweiligen Textpassage im Buch suchen, oder lüften Sie das Geheimnis.

Variante

Jedes Kind bringt ein Buch in die Klasse mit. Sie nehmen die Bücher „geheim" entgegen. Verteilen Sie im Sitzkreis alle Bücher. Lassen Sie nun reihum die Kinder kurz den Inhalt ihres Buches vorstellen. Die Zuhörer betrachten die Buchtitel und notieren sich ihre Vermutungen, welches Buch zu welchem Kind gehört.

Lesetagebuch 20

Lernziel	das Lesen reflektieren
Klassenstufe	1.–4. Schuljahr
Sozialform	ganze Klasse
Material	Lesetagebuch (Notizbuch) für jedes Kind, Bücher und Lesehefte
Geeignet für	Ganzschriften (Bilderbücher, Lesehefte, Lektüren etc.)

Das bereiten Sie vor

Wenn Sie möchten, können Sie ein grobes Muster für den Eintrag eines Lesetagebucheintrags entwickeln und den Kindern als Plakat oder als Kopiervorlage zur Verfügung stellen.

So geht es

Die Kinder notieren sich nach jedem Lesen einer Lektüre ihre Meinung zu dem Buch in ihrem Lesetagebuch.
Die Kinder halten sich dabei entweder an ein von Ihnen vorgegebenes Muster oder konzipieren sich selbst eine Struktur, die ihren Fertigkeiten angemessen ist. Die Kinder arbeiten dabei weitestgehend selbstständig. Die Notizen sollten auf keinen Fall zur Benotung herangezogen werden. Jedoch können Sie das regelmäßige Ausfüllen des Lesetagebuchs über ein Belohnungssystem attraktiver gestalten.

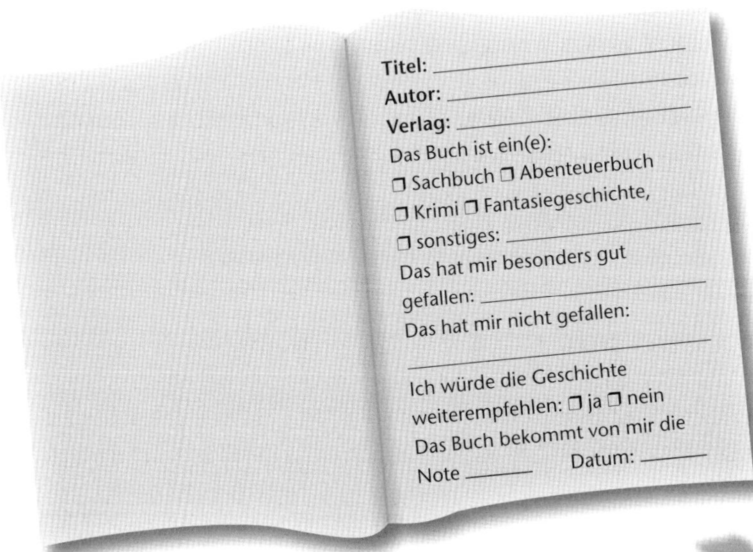

21 Autorenlesungen

Lernziel	allgemeine Leseförderung
Klassenstufe	1.–4. Schuljahr
Sozialform	Vortrag, Gespräch, Gruppenarbeit
Material	–
Geeignet für	v. a. Romane und Erzählungen

Das bereiten Sie vor

Laden Sie einen Autor und verschiedene Gäste ein, und bereiten Sie die Räumlichkeiten (Aula, Klassenraum etc.) vor.
Oft müssen Autorenlesungen viele Monate im Voraus geplant und organisiert werden. Fragen Sie frühzeitig bei den Verlagen und Autoren an. Erfragen Sie mögliche Kosten und Termine.

So geht es

Beziehen Sie Ihre Schüler in alle Stadien der Vorbereitung ein. Nachdem Sie wissen, welcher Autor in die Schule kommt, lesen Sie mit Ihrer Klasse eine Ganzschrift oder ein paar Kurzgeschichten des Autors.
Lassen Sie die Kinder Informationen über den Autor sammeln und ein paar Fragen zum Interview zusammenstellen. Nutzen Sie hierfür auch das Internet. Die meisten Autoren besitzen eine eigene Homepage.
Bereiten Sie Ihre Klasse auf den Besuch des Autors vor. Gestalten Sie gemeinsam mit den Kindern Plakate und Einladungen für Eltern und andere Klassen.
Je nachdem, wie intensiv Sie sich mit der Klasse auf die Werke des Autors vorbereiten möchten, können Sie auch sämtliche erarbeiteten Materialien in einer Präsentation oder Galerie vorstellen.

Assoziationskette 22

Lernziel	vernetzendes Denken trainieren
Klassenstufe	1.–4. Schuljahr
Sozialform	ganze Klasse
Material	Textvorlage für jedes Kind
Geeignet für	v. a. erzählende Texte oder Sachtexte

Das bereiten Sie vor

Lesen Sie mit den Kindern gemeinsam einen Text.

So geht es

Nachdem Sie mit den Kindern einen Text gelesen haben, beginnen Sie die Assoziationskette. Hierzu geben Sie den Kindern beispielsweise die Kategorie „Schauplatz" oder „Figuren des Textes" vor.
Ein Kind antwortet daraufhin mit einer Assoziation, die ihm zu der vorgegebenen Kategorie einfällt, beispielsweise „Das Sams". Die Assoziationskette wird von Kind zu Kind fortgeführt, sodass die folgenden Kinder zum jeweils vorangegangenen Begriff assoziieren. Sie können jederzeit eingreifen, den Kindern eine neue Kategorie vorgeben und somit eine neue Assoziationskette starten, wenn die alte ins Stocken gerät.

Varianten

- Geben Sie keine Kategorie vor.
- Die Assoziationen müssen mit dem letzen Buchstaben des Vorgängers beginnen. Dabei können die Kinder einzelne Wörter wie einzelne Sätze äußern.
- Lassen Sie die Kinder in einem kurzen Blitzlicht Stellung zum Text nehmen.

Textproduktive Verfahren

23 Aus zwei Perspektiven

Lernziel	Paralleltext aus einer anderen Perspektive schreiben
Klassenstufe	2.–4. Schuljahr
Sozialform	Einzel- und Kleingruppenarbeit
Material	Textvorlage für jedes Kind
Geeignet für	mehrperspektivische Prosatexte, z. B. Geschichten von Katja Reider

Das bereiten Sie vor

Suchen Sie eine geeignete mehrperspektivische Geschichte heraus.

So geht es

Lesen Sie den Kindern z. B. das Bilderbuch „Rosalie und Trüffel", eine Geschichte von Katja Reider, vor, und verdeutlichen somit den Kindern ein Beispiel für die verschiedenen Blickwinkel von verschiedenen Figuren auf dieselben Geschehnisse. Die Kinder lesen diesen oder einen anderen mehrperspektivischen Text still für sich. Anschließend besprechen sich die Kinder in Kleingruppen.

Aus welcher Erzählperspektive wird erzählt?
Welche anderen Figuren kommen im Text vor?
Welche Figuren könnten die Geschichte auch erzählen?
Wie hat diese Figur das Geschehen wohl erlebt?

Anschließend schreiben die Kinder in Einzelarbeit den Text aus einer der möglichen Perspektiven neu. Lassen Sie die Kinder ihre Texte mit einer Textüberarbeitungsmethode überarbeiten (z. B. „Textlupe", S. 17 oder „Über den Rand schreiben", S. 19). Abschließend sollte den Kindern die Zeit gegeben werden, ihre Werke in einer Ausstellung oder in einer Art Autorenlesung präsentieren zu können.

Variante

Geben Sie den Kindern eine Kopie des „halben" Buches „Herr Jasper sucht das Glück. Frau Kühnlein sucht das Glück" von Katja Reider.
Lesen Sie gemeinsam die Geschichte aus der Perspektive der einen Person. Anschließend sollen die Kinder die Geschichte aus der Sicht der anderen Person neu schreiben.

Den Blickwinkel ändern 24

Lernziel	einen Text aus einer anderen Perspektive erzählen
Klassenstufe	3.–4. Schuljahr
Sozialform	Einzel- und Partnerarbeit
Material	Textvorlage für jedes Kind
Geeignet für	Prosatexte, in denen mehrere Figuren vorkommen

Das bereiten Sie vor

Bereiten Sie die Texte für die Schüler vor.
Diese Aufgabe ist für jüngere und schwächere Schüler oft sehr anspruchsvoll, und sie benötigen hierbei Hilfe und Unterstützung.

So geht es

Lesen Sie mit den Kindern den Text. Überlegen Sie gemeinsam mit ihnen, welches Tier oder welcher Gegenstand diese Geschichte auch hätte erzählen können. Hätte derjenige den Text genauso erzählt, oder hätte er die Begebenheit anders aufgefasst und erzählt?
Notieren Sie einige mögliche Figuren und Blickwinkel auf eine Situation.
Lassen Sie die Schüler nun eine Passage des Textes aus einer anderen Perspektive schreiben. Lassen Sie einige Schülertexte vorlesen.

Differenzierung

Schreiben Sie für schwächere Schüler einen Textanfang vor. Oder schreiben Sie einen Text vor und lassen dabei einzelne Passagen oder Wörter aus.

Varianten

Sie können nicht nur den Blickwinkel, aus dem Geschichten erzählt werden, ändern:

- Lassen Sie die Figuren an anderen Schauplätzen oder in einer anderen Zeit auftauchen.
- Was passiert, wenn aus Freunden Feinde werden oder umgekehrt?

25 Aufbau verändern

Lernziel	den Aufbau eines Textes verändern
Klassenstufe	3.–4. Schuljahr
Sozialform	Einzel- oder Partnerarbeit
Material	Textvorlage für jedes Kind
Geeignet für	v. a. Prosatexte

Das bereiten Sie vor

Bereiten Sie die Textvorlagen für die Schüler vor.
Wenn Sie möchten, können Sie auch ohne Textvorlage arbeiten und den Kindern einen Text vorlesen. Oder Sie lassen die Kinder eigenständig einen Text wählen, bei dem Sie den Aufbau der Geschichte bereits kennen und diesen verändern wollen (beispielsweise ein Märchen).

So geht es

Die Kinder lesen den Text. Besprechen Sie diesen kurz mit den Kindern. Fragen Sie die Kinder, ob sie der Meinung sind, dass die Geschichte auch anders hätte aufgebaut sein können. Wie hätte die Geschichte z. B. erzählt werden müssen, wenn man vom Ende her erzählt?
Nun versuchen die Kinder, den Aufbau der Geschichte zu verändern und diese umzuschreiben.

Differenzierung

Geben Sie den Kindern einen neuen Geschichtenanfang vor.

Variante

Lassen Sie die Kinder die Geschichte in Sinnabschnitte gliedern und auseinanderschneiden. Nun können die Kinder die Geschichte neu zusammenpuzzeln. Dabei müssen sie jedoch auf schlüssige Übergänge achten, die sie umformulieren und anpassen müssen.

Handlung verändern 26

Lernziel	die Handlung eines Textes verändern
Klassenstufe	3.–4. Schuljahr
Sozialform	Einzel- oder Partnerarbeit
Material	Textvorlage für jedes Kind
Geeignet für	v. a. Prosatexte

Das bereiten Sie vor

Bereiten Sie für die Kinder eine Textvorlage vor. Schreiben Sie hierfür eine möglichst „langweilige" Version einer Geschichte, oder erfinden Sie eine eigene Geschichte.

So geht es

Die Kinder lesen zunächst den Text still im eigenen Tempo. Sprechen Sie dann mit ihnen darüber, welche Textpassage ihnen gut und welche weniger gut gefallen hat. Wie hätte die Handlung aufgebaut sein müssen, damit sie spannender, lustiger etc. gewesen wäre? Fordern Sie die Kinder auf, die Geschichte mit einer neuen Handlungsstruktur zu verfassen, Spannungsbögen zu integrieren und mit der Sprache zu spielen.

Differenzierung

Geben Sie den Kindern einen konkreten Arbeitsauftrag vor, gegebenenfalls mit verschiedenen Varianten. So ist diese Aufgabe für schwächere Kinder besser überschaubar.

Varianten

Geben Sie den Kindern den Auftrag:

- … aus zwei Feinden Freunde zu machen.
- … eine Figur aus der Handlung zu streichen.
- … den Handlungsverlauf abzuändern: Was würde passieren, wenn sich die Hauptfigur an einer wichtigen Stelle anders entscheiden würde?

27 Gestückelte Texte

Lernziel	Textstücke sinngebend ordnen
Klassenstufe	1.–4. Schuljahr
Sozialform	Einzel- und Partnerarbeit
Material	gestückelte Textvorlage als Ausdruck für jedes Kind
Geeignet für	jede Textsorte

Das bereiten Sie vor

Bereiten Sie eine Kopiervorlage vor, indem Sie einen Text in Sinnabschnitte gliedern und auseinanderschneiden. Anschließend kleben Sie alle Bruchstücke durcheinander auf die Vorlage. Kopieren Sie diese für jedes Kind.

So geht es

Die Kinder erhalten den gestückelten Text, lesen die Textabschnitte und schneiden diese aus. Anschließend versuchen sie, dem Text seine ursprüngliche Form zurückzugeben. Hat ein Kind die Aufgabe gelöst, kommt es nach vorne, schreibt seinen Namen an die Tafel und kehrt an seinen Platz zurück. Das nächste Kind, das fertig wird, streicht den Namen des ersten Kindes durch und lädt es zu einem Partnergespräch ein. Auf diese Weise verfahren auch die weiteren Kinder. Im Partnergespräch vergleichen die Kinder ihre Ergebnisse. Haben sie den Text gleich strukturiert, oder gibt es Unterschiede? Dabei begründen die Schüler jeweils ihre eigene Variante.

Differenzierung

Je kleinschrittiger Sie einen Text stückeln, desto schwieriger ist es für die Kinder, diesen zu sortieren. Trennen Sie die Textabschnitte im Verlauf eines Satzes, wird diese Aufgabe einfacher. So können Sie den Kindern ohne großen Aufwand drei Schwierigkeitsstufen anbieten.

Variante

Stückeln Sie einen Text auf Folien für den Overheadprojektor. Legen Sie jeden Abschnitt in einen Briefumschlag, und verstecken Sie die Umschläge im Klassenraum. Die Kinder haben nun die Aufgabe, die Textstücke zu finden und sich im Unterrichtsgespräch auf die wahrscheinlichste Reihenfolge zu einigen. Dazu sortieren sie diese am Overheadprojektor und begründen ihre Vermutungen.

Textgeflecht 28

Lernziel	Textstücke sinngebend ordnen
Klassenstufe	2.–4. Schuljahr
Sozialform	Einzel- oder Partnerarbeit
Material	gestückelte Textvorlage als Ausdruck für jedes Kind
Geeignet für	jede Textsorte – am besten verflechten Sie einen Sachtext und einen Prosatext miteinander

Das bereiten Sie vor

Bereiten Sie eine Kopiervorlage vor, indem Sie zwei Texte in Sinnabschnitte gliedern und auseinanderschneiden. Anschließend kleben Sie alle Bruchstücke durcheinander auf die Vorlage.

So geht es

Die Kinder erhalten die unstrukturierten Textteile und lesen diese still für sich. Dann überlegen sie sich in Einzelarbeit, welche Textabschnitte es gibt und in welcher Reihenfolge diese zusammengefügt werden müssen, sodass zwei getrennte Texte entstehen.

Die Kinder gliedern den Text mit Trennstrichen, schneiden die Abschnitte auseinander und versuchen, die Texte in ihre ursprüngliche Form zu bringen. Hat ein Kind die Aufgabe gelöst, kommt es an die Tafel und schreibt seinen Namen auf. Das nächste Kind, das fertig wird, streicht den Namen des ersten Kindes durch und lädt dieses zu einem Partnergespräch ein. Auf diese Weise verfahren auch die weiteren Kinder.

Im Partnergespräch vergleichen die Kinder ihre Ergebnisse. Haben sie die Texte gleich strukturiert, oder gibt es Unterschiede? Dabei begründen die Schüler jeweils ihre Variante.

Abschließend können Sie im Unterrichtsgespräch die einzelnen Varianten vorstellen und die Originalversionen vorlesen lassen.

Differenzierung

Je kleinschrittiger Sie einen Text stückeln, desto schwieriger ist es für die Kinder, diesen zu sortieren. Trennen Sie die Textabschnitte im Verlauf eines Satzes, wird diese Aufgabe einfacher. So können Sie den Kindern ohne großen Aufwand drei Schwierigkeitsstufen anbieten.

29 Lücken füllen

Lernziel	Textlücken sinngebend ergänzen
Klassenstufe	1.–4. Schuljahr
Sozialform	Einzel- und Partnerarbeit
Material	Textvorlage für jedes Kind
Geeignet für	v. a. Prosatexte

Das bereiten Sie vor

Bereiten Sie einen Text mit Textlücken vor. Sie können einzelne Wörter, Sätze oder Textpassagen dabei aussparen.
Durch das Auslassen von bestimmten Wörtern und Passagen können Sie verschiedene Aspekte fördern. Lassen Sie beispielsweise alle Verben oder Adjektive aus, lenken Sie die Aufmerksamkeit der Schüler auf diese. Je nachdem, ob das Lernziel der Stunde das gezielte Lesen oder das kreative oder sinngebende Füllen von Lücken ist, macht es Sinn, die Lücken gezielt auszuwählen.

So geht es

Die Kinder lesen den Text still durch. Fordern Sie die Klasse auf, sich über das Thema und die möglichen Lücken des Textes Gedanken zu machen. Welche Textlücken gibt es? Was fehlt? Besprechen Sie für die ersten zwei Lücken die Möglichkeiten mit der Klasse gemeinsam. Anschließend versuchen die Kinder in Einzelarbeit, über den Kontext die Lücken zu füllen. Sobald zwei Kinder fertig sind, können sie sich zum Partnergespräch treffen und sich über ihre Texte austauschen. Während des Gesprächs argumentieren sie, weshalb sie die Lücken auf diese Art und Weise gefüllt haben. Gibt es Gemeinsamkeiten?

Differenzierung

Je nach Leistungsvermögen Ihrer Schüler können Sie verschiedene Schwierigkeitsstufen erzeugen, indem Sie unterschiedlich viele und schwere Elemente auslassen. Als Hilfestellung können Sie den Schülern auch Wörtersammlungen vorgeben, mit denen sie die Texte füllen können.

Wie geht es weiter? 30

Lernziel	einen Fortsetzungstext verfassen
Klassenstufe	2.–4. Schuljahr
Sozialform	Einzel- und Partnerarbeit
Material	Textvorlage für jedes Kind
Geeignet für	viele Prosatexte (Märchen) und Gesamtschriften

Das bereiten Sie vor

Diese Methode ist besonders geeignet, wenn Sie eine Ganzschrift mit Ihren Schülern lesen. Halten Sie an einer besonders spannenden Stelle inne, und lassen Sie die Schüler die Fortsetzung schreiben, bevor Sie weiterlesen. Suchen Sie sich einen Text, eine Textstelle oder eine Geschichte mit offenem Ende aus.

So geht es

Lesen Sie den Kindern den Text vor. Anschließend besprechen sich die Kinder mit ihrem Sitznachbarn. In der Partnerarbeit überlegen sich die Kinder gemeinsam, wie die Geschichte weitergehen könnte.
Beispiel: Was passiert eigentlich im Märchen nach: „… und sie lebten glücklich und zufrieden bis an ihr Lebensende"?
Die Kinder schreiben nun eine neue Episode zu dem Text, und vergleichen ihre Texte mit den Mitschülern. Welche Version ist am lustigsten, traurigsten oder wahrscheinlichsten?

Variante

Lassen Sie die Kinder nicht den direkten Anschluss an die Geschichte weiterschreiben, sondern lassen Sie die Kinder eine Fortsetzungsgeschichte schreiben, die mit ein paar Jahren Abstand die Auswirkungen und Folgen aus den Ereignissen der ersten Textes aufgreift und die weitere Entwicklung des Geschehens beschreibt. Sammeln Sie die Geschichten, und stellen Sie diese an Stellwänden in einer Galerie aus oder auf der Homepage Ihrer Schule.

31 Was geschah davor?

Lernziel	eine Vorgeschichte zu einem Text verfassen
Klassenstufe	3.–4. Schuljahr
Sozialform	Einzelarbeit
Material	ggf. Textvorlage für jedes Kind
Geeignet für	viele Prosatexte und Ganzschriften

Das bereiten Sie vor

Suchen Sie sich eine Geschichte oder ein Buch aus. Überlegen Sie, welchen Teil der Einleitung sie aussparen möchten. Kopieren Sie den Rest der Geschichte für die Kinder.

So geht es

Lesen Sie die Geschichte vor, oder lassen Sie die Geschichte von den Kindern lesen. Überlegen Sie nun gemeinsam, was davor geschehen sein könnte. Schreiben Sie Schlüsselwörter als Cluster auf.
Nun sollen die Kinder die fehlende Einleitung schriftlich festhalten. Anschließend dürfen sich die Kinder ihre Texte in einer Partnerarbeit vorlesen. Je nachdem, wie viel Zeit bleibt, können auch einige Kinder den Anfang ihrer Geschichte der gesamten Klasse präsentieren. Wenn die Klasse möchte, können Sie ihnen abschließend den ursprünglichen Text vorlesen.

Tipp

Schließen Sie an diese Arbeitsphase eine Phase der Textbearbeitung an, z. B. „Über den Rand schreiben" (S. 19), „Textlupe" (S. 17) oder „Kommentarlawine" (S. 22).

Variante

Lassen Sie die Kinder eine Vorgeschichte zu einer einzelnen Figur schreiben. Was hat das z. B. „Das Sams" getan, bevor es zu Herrn Taschenbier kam?

Was geschah dazwischen? 32

Lernziel	Schreiben zur Vorgabe von Anfang und Schluss
Klassenstufe	2.–4. Schuljahr
Sozialform	Einzel- oder Partnerarbeit
Material	Textvorlage für jedes Kind
Geeignet für	viele Prosatexte

Das bereiten Sie vor

Bereiten Sie für die Kinder eine Textvorlage vor.

So geht es

Die Kinder erhalten von Ihnen drei oder mehr durchnummerierte Textpassagen einer Geschichte. Die Kinder lesen alle Texte und überlegen sich, was zwischen den Textpassagen geschehen ist.
Dann beginnen die Kinder, die Zwischengeschichten zu schreiben. Beim Schreiben müssen die Kinder immer wieder darauf achten, dass sie eine gute Überleitung zur nächsten Textpassage verfassen. Die Kinder kleben die Textpassagen mit ihren eigenen Texten auf ein Blatt.
Die Kinder präsentieren und überarbeiten ihre Ergebnisse.
Sammeln Sie die Geschichten ein, um ein Geschichtenbuch zusammenzustellen.

Differenzierung

Je mehr „Sandwichscheiben" (Textvorlagen) Sie den Kindern vorgeben, desto schwieriger wird es für die Kinder, die Zwischenepisoden passend zu entwickeln.

Variante

Geben Sie den Kindern eine Geschichte. Lassen Sie die Kinder selbst einen Einschnitt in der Geschichte ziehen. Bei dieser Linie beginnt und endet dann die Zwischenepisode der Kinder. Sie können auf diese Art und Weise auch Gemeinschaftsgeschichten basteln lassen, indem mehrere verschiedene Episoden, die an verschiedenen Stellen von den Kindern entwickelt wurden, eingebracht werden.

33 Fantasiereise

Lernziel	in einen Text emotional einfühlen
Klassenstufe	1.–4. Schuljahr
Sozialform	Einzelarbeit
Material	Textvorlage und passende Fantasiereise
Geeignet für	viele Prosatexte

Das bereiten Sie vor

Schreiben sie zu einem Text eine entsprechende Fantasiereise, in der Sie die Kinder zu einer bestimmten Stelle des Textes führen. *„Stelle dir vor …"*

So geht es

Die Kinder setzen oder legen sich bequem hin und schließen die Augen. Lesen Sie nun die Fantasiereise vor.

Beenden Sie die Reise mit den Worten: *„Wie es weitergeht, weißt nur du! Lasse die Geschichte in deinem Kopf weiterlaufen. Wenn deine Geschichte fertig ist, dann begib dich leise an deinen Arbeitsplatz und schreibe auf, wie die Geschichte weitergeht."*

Notieren Sie diesen Arbeitsauftrag evtl. auch an der Tafel. Die Kinder finden sich in Vierergruppen zusammen und lesen sich gegenseitig ihre Geschichten vor.

In der Abschlussrunde können Sie Schülertexte aufgreifen und den Kindern sagen, dass es bereits einen Autor gab, der zu diesem Thema eine ähnliche Geschichte geschrieben hat, und ihnen diese vorlesen.

Differenzierung

Kinder der ersten Klasse können ein Bild zu ihrer Geschichte malen und diese anhand des Bildes im Sitzkreis erzählen.

Neue Kapitelüberschriften 34

Lernziel	passende Kapitelüberschriften finden
Klassenstufe	1.–4. Schuljahr
Sozialform	Einzel- und Gruppenarbeit
Material	Ganzschrift
Geeignet für	Ganzschriften

So geht es

Nachdem die Kinder das ganze Buch gelesen haben, notieren sie sich in einer Tabelle alle ursprünglichen Kapitelüberschriften. Fordern Sie die Kinder auf, sich neue Überschriften auszudenken, welche bei den Lesern das Interesse wecken und den Inhalt des Kapitels andeuten, ohne dabei alles zu verraten.
Die Kinder besprechen ihre Ideen zunächst in einer Dreiergruppe, einigen sich mit den anderen auf eine der neuen Überschriften oder entwickeln eine neue. Anschließend tun sich die Gruppen zu einer Sechsergruppe zusammen, stellen sich die Vorschläge vor und stimmen erneut ab.
So verfahren sie weiter, bis sich die Klasse in einer letzten Abstimmung zwischen zwei Vorschlägen demokratisch entscheidet.

35 Texte ausschmücken

Lernziel	angedeutete Handlungen in Texten ausschmücken
Klassenstufe	1.–4. Schuljahr
Sozialform	Einzel- und Partnerarbeit
Material	Textvorlage für jedes Kind
Geeignet für	viele Geschichten und Lektüren

Das bereiten Sie vor

Bereiten Sie die Texte für die Kinder vor. Schneiden Sie die Textzeilen auseinander, und kleben Sie diese mit einem etwa 2 cm großen Abstand auf ein Blatt. Kopieren Sie den Text nun für die Kinder.

So geht es

Die Kinder lesen die Textteile. Anschließend überlegen Sie mit den Schülern, an welchen Stellen der Text noch deutlicher hätte sein können.
Fehlen nur einzelne beschreibende Adjektive und Adverben, oder gibt es ganze Textstellen, die ungenau sind oder sehr knapp erzählt wurden? Diese Leerstellen können die Kinder nun füllen, indem sie in die Zwischenräume schreiben. Wollen die Kinder ganze Episoden ergänzen, können sie diese auf die Rückseite oder ins Heft schreiben.
In einer abschließenden Runde können die Kinder ihre Ergebnisse vorstellen und einzelne Passagen vorlesen.

Differenzierung

Die Kinder ergänzen nur einzelne Wörter.

Die Kinder schmücken ganze angedeutete Handlungen aus.

Tipp

Schreiben Sie den Text auf dem Computer vor, und speichern Sie den Text als Textvorlage ab. Stellen Sie den Kindern diese in der Schule zur Verfügung, und lassen Sie diese ihre Ergänzungen in die Datei einfügen und ausdrucken. Dabei sollte jede Gruppe ihre eigene Datei bearbeiten. Drucken Sie nun alle Geschichten aus, und binden Sie diese zu einem speziellen Geschichtenbuch.

Ich schreib dir ein Gedicht 36

Lernziel	einen Text in ein Gedicht umschreiben
Klassenstufe	3.–4. Schuljahr
Sozialform	Einzel- und Partnerarbeit
Material	Textvorlage für jedes Kind
Geeignet für	v. a. kurze Prosatexte

Das bereiten Sie vor

Besprechen Sie mit den Schülern die Eigenschaften und den Aufbau von Gedichten.

So geht es

Nachdem die Kinder einen Text gelesen haben, versuchen sie, aus diesem ein Gedicht zu verfassen. Dafür überlegen sich die Kinder zunächst, worum es in dem Text geht. Welche Gedichtform möchten sie wählen (z. B. Rondell etc.)?

Differenzierung

Je nach Schwierigkeit des Textes und dem Leistungsvermögen der Lerngruppe kann es Sinn machen, Schlüsselwörter mit den Kindern zu erarbeiten und die Kernaussage klar herauszuarbeiten, bevor sich die Kinder an die Einzel- oder Partnerarbeit machen.

Varianten

- Die Kinder können auch Gedichte über einzelne Figuren schreiben.
- Geben Sie den Kindern eine Gedichtform wie ein Elfchen, ein Haiku oder ein Akrostichon vor.

F erien
R eisen
E is
U nsinn
D isko
E ssen

S pontan
A lbern
M utig
S pinnt

37 Soziogramm

Lernziel	Beziehungen grafisch umsetzen
Klassenstufe	1.–4. Schuljahr
Sozialform	Einzel- und Partnerarbeit
Material	Textvorlage für jedes Kind, Wolle oder Kordel (ca. 10 m lang)
Geeignet für	viele erzählende Textsorten, Ganzschriften

Das bereiten Sie vor

Bereiten Sie die Textvorlagen für die Kinder vor.

So geht es

Lesen Sie zunächst den Text mit den Kindern. Sammeln Sie anschließend alle Figuren des Textes an der Tafel. Erklären Sie den Kindern, dass sie nun die Beziehungen der Figuren grafisch umsetzen sollen, indem sie jede Person als Strichmännchen darstellen und in entsprechenden Abständen voneinander aufzeichnen.

Sind also zwei Figuren des Textes eng miteinander befreundet, werden sie dicht zueinander gemalt, mit einem Strich verbunden und mit einem Symbol für Freundschaft dargestellt (z. B. Smiley). Besteht zwischen zwei Figuren jedoch eine Abneigung, so werden sie mit einigem Abstand voneinander gemalt, ebenfalls mit einem Strich verbunden und erhalten ein Symbol der Abneigung (z. B. Donnerwolke). Die Symbole denken sich die Kinder selbstständig aus.

Lassen Sie ein paar Kinder ihre Soziogramme anschließend im Stehkreis mit Hilfe einiger Mitschüler und Wolle nachstellen und erläutern. Die Wollstränge stellen die Verbindungslinien dar, die Kinder die Romanfiguren.

Differenzierung

Unterstreichen Sie im Text einzelne Personen und ihre Handlungen.

Variante

Lassen Sie zunächst die Beziehung von zwei Personen des Textes im Stehkreis darstellen, und geben Sie der Klasse anschließend den Auftrag, ein Soziogramm für alle Personen grafisch umzusetzen.

Andere Stimmung oder Ort 38

Lernziel	einen Text in eine andere Stimmung versetzen
Klassenstufe	3.–4. Schuljahr
Sozialform	Einzelarbeit
Material	Textvorlage für jedes Kind
Geeignet für	die meisten Textsorten, v. a. erzählende Texte

Das bereiten Sie vor

Bereiten Sie die Textvorlagen für die Kinder vor.

So geht es

Die Kinder lesen still einen Text. Sind alle Kinder fertig, besprechen Sie mit ihnen zunächst die Handlung. Was sind die wichtigsten Punkte der Geschichte, welche den „roten Faden" ausmachen?
Erst, nachdem die Handlung besprochen ist, gehen Sie mit den Kindern auf andere Fragen ein: Welche Stimmung hat der Text? Was würde passieren, wenn die Handlung an einem anderen Ort stattfinden oder in einer anderen Stimmung erzählt würde?
Geben Sie der Geschichte entweder eine bestimmte Stimmung oder einen bestimmten Ort vor. Die Kinder besprechen sich zunächst mit einem Partner und schreiben anschließend die Geschichte um.
Veröffentlichen Sie die Texte anschließend beispielsweise in der Literaturzeitung (S. 87). Lassen Sie diese aber zuvor von den Schülern lektorieren (S. 24).

Variante

Schreiben Sie auf Zettel alternative Schauplätze oder andere Zeiten. Stecken Sie diese in einen Beutel oder in eine Schachtel. Lassen Sie die Kinder einen Zettel ziehen und die Handlung an diesen Ort oder in diese Zeit übertragen.

39 Paralleltexte

Lernziel	Paralleltext zu einem anderen Thema verfassen
Klassenstufe	2.–4. Schuljahr
Sozialform	Einzel- oder Partnerarbeit
Material	Textvorlage für jedes Kind
Geeignet für	die meisten Textsorten

Das bereiten Sie vor

Bereiten Sie einen Text mit einer klaren Struktur für die Kinder vor, welche sich leicht auf andere Themen übertragen lässt.

So geht es

Die Kinder lesen zunächst den Text, und machen sich Gedanken darüber, was das Kernthema des Textes ist. Geht es in dem Beispieltext z. B. um Hunde, so versuchen die Kinder, einen Paralleltext über Katzen zu schreiben.
Dabei orientieren sie sich immer wieder an der groben Struktur des Originaltextes und passen ihn an das neue Thema an.
Die Kinder stellen sich ihre Ergebnisse gegenseitig vor. Die Ergebnisse können in der Präsentationsecke (S. 26) aufgehängt werden oder in der Literaturzeitung veröffentlicht werden (S. 87).

Differenzierung

Schreiben Sie für die Kinder einen einfachen und klar strukturierten Text vor, der vor allem aus kurzen Sätzen und linearer Handlung besteht.

Fragebogen zu einer Figur

Lernziel	Informationen zu einer Figur deuten können
Klassenstufe	2.–4. Schuljahr
Sozialform	Einzelarbeit
Material	Textvorlage für jedes Kind, Fragebogen (evtl. auch als OHP-Vorlage)
Geeignet für	die meisten Prosatexte

Das bereiten Sie vor

Bereiten Sie einen Fragebogen und die Texte für die Kinder vor.

So geht es

Die Kinder lesen zunächst den Text in Stillarbeit oder lesen sich den Text in Kleingruppen vor. Anschließend besprechen Sie mit den Kindern das Verhalten und die Eigenschaften einer Figur beispielhaft im Unterrichtsgespräch.
Füllen Sie eine Folie mit dem Fragebogen gemeinsam mit den Kindern aus.
Nun wählen die Kinder eigenständig eine andere Figur aus, deren Verhalten sie deuten möchten, und füllen den Fragebogen aus.
So schreiben sie auf den Zettel eine Eigenschaft wie „stur" und begründen diese Einschätzung, indem sie eine Textpassage mit dem entsprechenden Verhalten zitieren.

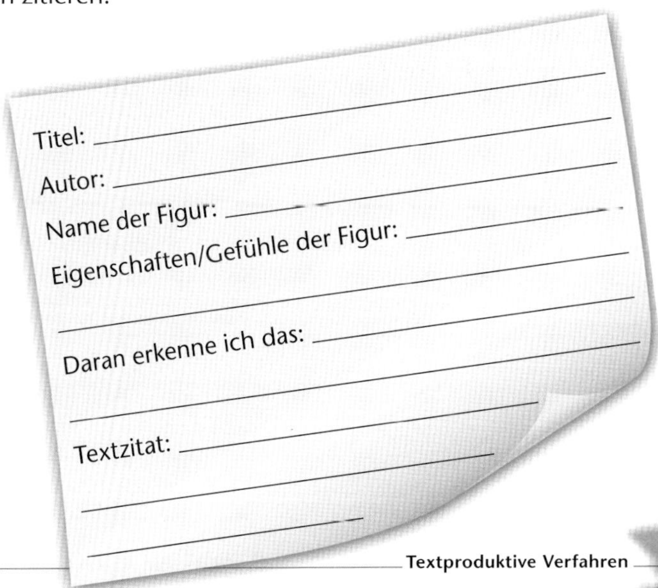
Titel: ______
Autor: ______
Name der Figur: ______
Eigenschaften/Gefühle der Figur: ______
Daran erkenne ich das: ______
Textzitat: ______

41 Innerer Monolog

Lernziel	Monolog einer literarischen Figur verfassen
Klassenstufe	3.–4. Schuljahr
Sozialform	Einzelarbeit
Material	Textvorlage für jedes Kind
Geeignet für	viele Prosatexte

Das bereiten Sie vor

Bereiten Sie für jedes Kind eine Textvorlage vor.

So geht es

Die Kinder lesen zunächst den Text. Im Anschluss überlegen sich die Kinder, welcher Figur sie eine Stimme verleihen wollen. Welche Gedanken dieser Figur wollen die Kinder übermitteln? Sagen Sie den Kindern, dass sie sich in die Rolle dieser Figur hineinfinden sollen. Welche Probleme, Sorgen oder Freuden hat die Figur?
Fordern Sie die Kinder auf, die Gedanken der Figur in Gedankenblasen zu schreiben.

Differenzierung

Geben Sie mehrere Satzanfänge vor, aus denen sich die Schüler einen aussuchen können. So fällt es Schülern oftmals leichter, ihren eigenen Schreibfluss zu finden. Geben Sie jedoch nicht vor, dass einer der Satzanfänge benutzt werden muss. Anderen Schülern fällt das Schreiben durch eine solche Vorgabe um einiges schwerer.

Variante

Besonders gut eignet sich auch das Schreiben eines Briefes der Figur an jemand anderen oder ein Tagebucheintrag.

Eine Figur stellt sich vor 42

Lernziel	Figuren des Textes vorstellen
Klassenstufe	1.–4. Schuljahr
Sozialform	Einzelarbeit
Material	ggf. Textvorlage für jedes Kind
Geeignet für	v. a. Märchen und Ganzschriften

Das bereiten Sie vor

Bereiten Sie einen Text für die Schüler vor. Es muss sich bei den vorgestellten Figuren nicht zwangsläufig um literarische Figuren handeln. Die Schreibmotivation erhöht sich für viele Kinder, wenn sie z. B. Figuren aus dem Fernsehen wählen dürfen.

So geht es

Lesen Sie ggf. mit den Kindern einen Text. Besprechen Sie diesen anschließend im Sitzhalbkreis vor der Tafel. Welche Figuren kamen im Text vor? Was wissen wir über diese Figuren? Sammeln Sie die Aussagen an der Tafel. Anschließend werden die Kinder aufgefordert, sich für eine Figur zu entscheiden.
Sie unterstreichen nun alle Stellen im Text, die Informationen über diese Figur liefern. Anschließend schreiben die Kinder einen Vorstellungstext über diese Figur. Sammeln Sie die Ergebnisse z. B. in der Präsentationsecke (S. 26).

Differenzierung

Schüler der ersten Klasse können zunächst ein Bild der Figur malen und den Text in Stichworten unter die Figur schreiben.

Die Kinder schreiben die Vorstellung aus der „Ich-Perspektive“. Das ist schwerer, weil die Kinder dabei die Perspektive wechseln müssen.

Varianten

- Die Kinder fertigen einen Steckbrief zu der jeweiligen Figur an.
- Lassen Sie die Kinder eine ihrer Lieblingsfiguren vorstellen.

43 Selbst Teil des Textes werden

Lernziel	sich selbst in den Text schreiben
Klassenstufe	3.–4. Schuljahr
Sozialform	Einzelarbeit
Material	Textvorlage für jedes Kind
Geeignet für	die meisten Textsorten

Das bereiten Sie vor

Bereiten Sie die Texte für die Kinder vor.

So geht es

Überlegen Sie, wie es wäre, selbst in einen Text schlüpfen zu können. *Wie würde sich die Handlung verändern?* Die Kinder lesen den Text und überlegen sich zunächst, in welcher Art und Weise sie sich selbst in den Text einbringen können.

Könnten die Kinder einen Protagonisten durch sich selbst ersetzen?
Oder könnten sie sich zusätzlich in den Text schreiben?
Welche Rolle kommt ihnen zu, was wollen sie machen, was verändern?

Anschließend schreiben die Kinder den ganzen Text oder eine einzelne Passage um. Lassen Sie die Kinder im gemeinsamen Austausch darüber sprechen, ob ihnen diese Aufgabe leicht- oder schwerfiel und in welcher Art sich die Schüler in den Texten eingebracht haben.

Rotkäppchen trifft Lucky Luke

44

Lernziel	eine Figur aus einer Geschichte herauslösen und in einer anderen Welt auftreten lassen
Klassenstufe	2.–4. Schuljahr
Sozialform	Einzel- und Partnerarbeit
Material	Textvorlage für jedes Kind
Geeignet für	v. a. Fantasiegeschichten und Märchen

Das bereiten Sie vor

Bereiten Sie die Textvorlage für die Kinder vor.

So geht es

Die Kinder lesen die Geschichte.
Besprechen Sie mit den Kindern den Inhalt.

Wie wäre die Handlung verlaufen, wenn auf einmal eine Lieblingsfigur der Kinder aus einer anderen Geschichte im Text aufgetaucht wäre?

Fordern Sie die Kinder auf, ihre Lieblingsfigur in den Text zu schreiben.

Wie verändert sich dann die Geschichte?
Kommt die neue Figur vielleicht aus einer ganz anderen Zeit?
Aus einer anderen Welt?

Die Kinder schreiben den Text um und stellen ihrem Sitznachbarn ihre Ergebnisse vor.

Variante

Statt eine Figur aus einer Fantasiewelt in eine andere zu schicken, lassen Sie diese doch im Klassenraum auftauchen.

Was würde wohl geschehen, wenn eines Morgens Till Eulenspiegel in der Klasse stehen würde?
Welche Abenteuer würden wir erleben?

45 Den Rotstift ansetzen

Lernziel	einen Text bis auf das Grundgerüst herunterkürzen
Klassenstufe	1.–4. Schuljahr
Sozialform	Einzel-, Partner- und Kleingruppenarbeit
Material	Textvorlage für jedes Kind, rote Stifte, Bleistift, gelber Buntstift, Lineal
Geeignet für	fast alle Textsorten

Das bereiten Sie vor

Bereiten Sie für jedes Kind eine Textvorlage vor.

So geht es

Besprechen Sie mit den Kindern, dass in vielen Geschichten sehr ausführlich beschrieben und erläutert wird.
Nun bekommen die Kinder aber die Aufgabe, einen Text bis auf sein „Grundgerüst" herunterzukürzen. Die Kinder lesen zunächst den Text, und dürfen jetzt ausgiebig mit Bleistift die Wörter unterstreichen, welche sie weglassen würden.
In Partnerarbeit besprechen sich die Kinder und versuchen, weitere Wörter und Passagen zu finden, die sie mit Gelb streichen können.
In der abschließenden Gruppenarbeit besprechen die Kinder ihre Varianten. Dabei überprüfen Sie zuletzt, ob nun eine entscheidende Handlung fehlt oder ob noch weitere Aspekte dem Rotstift zum Opfer fallen sollten. Alle Wörter, welche alle Teilnehmer streichen wollen, werden nun rot durchgestrichen.

Tauschkarten 46

Lernziel	Hauptfiguren malen und beschreiben
Klassenstufe	1.–4. Schuljahr
Sozialform	Einzel- und Partnerarbeit
Material	Textvorlagen für jedes Kind, unlinierte Karteikarten, Stifte
Geeignet für	viele Prosatexte, v. a. mit charismatischen Figuren

Das bereiten Sie vor

Legen Sie alle Materialien bereit.
Lassen Sie die Kinder die Tauschkarten z. B. im Anschluss an eine Themeneinheit „Märchen" erstellen. Dann können Sie diese auch als Spiel- und Rollenkarten verwenden.

So geht es

Lassen Sie die Kinder zunächst einen Text wählen und diesen still lesen. Die Kinder überlegen sich daraufhin, zu welcher Hauptfigur des Textes sie eine Tauschkarte gestalten wollen. Dafür malen die Kinder auf die Vorderseite der Karte ein Bild der Hauptfigur. Auf die Rückseite der Tauschkarten schreiben sie jeweils eine kurze Beschreibung der Figur. Wie sieht die Figur aus, welche Eigenschaften hat sie, was war ihre größte Tat?

Variante

Die Kinder schreiben keine Namen auf die Karten. Dann können die Kinder die Karten als Rätselmaterial in der Freiarbeit verwenden.

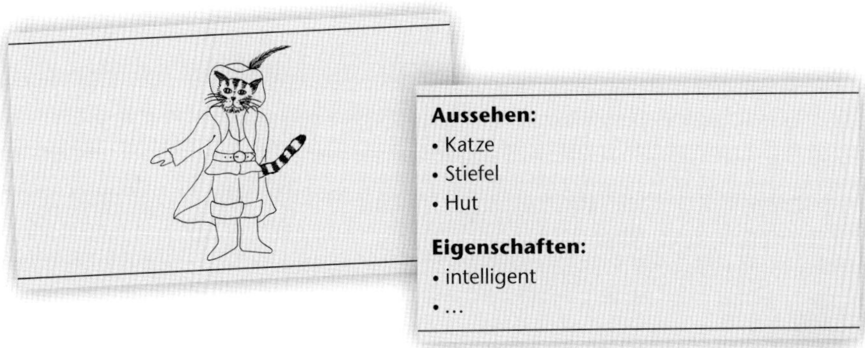

47 In einem anderen Stil

Lernziel	einen Text in einem anderen Stil nacherzählen
Klassenstufe	1.–4. Schuljahr
Sozialform	Einzel- oder Partnerarbeit
Material	Textvorlage für jedes Kind
Geeignet für	viele Prosatexte

Das bereiten Sie vor

Bereiten Sie die Textvorlage eines Textes für die Schüler vor.
Verwenden Sie als Original z. B. Texte in eher altertümlicher Sprache.

So geht es

Lesen Sie den Kindern zunächst den Text vor. Anschließend lesen die Kinder den Text selbst und unterstreichen die Begriffe, die sie nicht verstehen. Anschließend besprechen Sie diese mit den Kindern. Schreiben Sie die Begriffe auf. Welche Wörter haben die gleiche Bedeutung? Was könnte man z. B. anstelle von „Tunichtgut“ sagen?
In der anschließenden Arbeitsphase erzählen die Kinder den Text in ihrer eigenen Sprache nach.

Differenzierung

Stellen Sie schwächeren Schülern eine Art selbstgebasteltes Fremdwörter-Synonyme-Wörterbuch zur Verfügung, in dem sie die älteren Begrifflichkeiten nachschlagen können.

Varianten

- Lassen Sie den Text in einem Dialekt oder einer Umgangssprache nacherzählen.
- Lassen Sie den Text so umschreiben, dass er sich an einen anderen Adressaten richtet.
  Beispiele: Büttenrede, Werbesprache (leicht überzogen), Zeitungsartikel, Informationstext, Brief …

Textsorte ändern 48

Lernziel	einen Text in eine andere Textsorte umwandeln
Klassenstufe	2.–4. Schuljahr
Sozialform	Einzel- und Partnerarbeit
Material	Textvorlage für jedes Kind
Geeignet für	viele Textsorten (wie z. B. Kurzprosa)

Das bereiten Sie vor

Bereiten Sie die Textvorlage eines Textes für die Schüler vor.
Besprechen Sie mit den Kindern den Aufbau von verschiedenen Textsorten. Besonders eignen sich Gedichte, wie z. B. Elfchen, Haiku, Akrostichon und ein Rondell.

So geht es

Die Kinder lesen zunächst den Text und besprechen in Partnerarbeit, worum es für sie in dem Text geht. Sammeln Sie im Unterrichtsgespräch die Ideen der Kinder. Erstellen Sie hierfür ggf. ein Cluster an der Tafel.
Anschließend kommen Sie nochmals auf eine gewisse Textsorte zu sprechen und besprechen wiederholend deren Merkmale.
Anschließend schreiben die Kinder den Inhalt des ursprünglichen Textes um, in die Form einer anderen Textsorte.
Die Ergebnisse der Kinder können Sie beispielsweise in einer Literaturzeitung (S. 87) oder in der Präsentationsecke (S. 26) sammeln und ausstellen.

49 Dein Problem – mein Problem

Lernziel	sich in eine literarische Figur hineinversetzen und diese Situation auf das eigene Leben übertragen
Klassenstufe	3.–4. Schuljahr
Sozialform	Einzel- und Partnerarbeit
Material	Textvorlage für jedes Kind
Geeignet für	viele Texte mit einer Problemstellung aus der Lebensumwelt der Kinder (z. B. Streit, Diebstahl, Verlust)

Das bereiten Sie vor

Bereiten Sie die Textvorlage für die Kinder vor.

So geht es

Die Kinder lesen die Texte und überlegen sich, welche Probleme die Figuren im Text haben.
Nun fordern Sie die Kinder auf, sich zu überlegen, ob sie dieses Problem aus ihrem eigenen Leben kennen. Die Kinder tauschen sich nun im Partnergespräch über ihre Erfahrungen aus.

Wie hat die Figur dieses Problem im Text gelöst?

Die Kinder sollen nun beschreiben, wie sie selbst diese Situation erlebt haben oder wie sie diese gelöst hätten.
Lassen Sie die Kinder ihre Probleme verschriftlichen, indem Sie an die Figur des Textes einen Brief schreiben, in dem sie ihr von sich selbst und ihren Erfahrungen berichten.

Variante

Geben Sie den Kindern nicht von Beginn an die Lösung des Problems vor, sondern lassen Sie diese spekulieren und ihre eigenen Erfahrungen aus ihrer Lebenswelt einbringen.

Textcollagen 50

Lernziel	einen Brief an den Autor schreiben
Klassenstufe	2.– 4. Schuljahr
Sozialform	Partnerarbeit
Material	Texte, Bücher, Zeitschriften, Zeitungen, Tonpapier, Stifte, Schere, Klebestift
Geeignet für	v. a. Sachtexte

Das bereiten Sie vor

Legen Sie alle Materialien für die Partnerarbeit zusammen.

So geht es

Die Kinder gestalten zu einem Text oder Buch ihrer Wahl eine Textcollage. Dafür schneiden Sie aus kopierten Texten, Zeitschriften und Zeitungen passende Überschriften und Wörter aus. Auch passende Illustrationen, welche die Personen oder Schauplätze beschreiben, können die Kinder aufkleben.
Abschließend schreiben die Kinder einen kurzen Argumentationstext, in dem sie ihre Wahl der einzelnen Elemente erläutern und begründen.
Hängen Sie die Textcollagen in der Klasse auf. Gehen Sie gemeinsam mit den Schülern von Werk zu Werk. Lassen Sie zunächst die Künstler ihr Werk vorstellen, und lassen Sie dann die Mitschüler ein Feedback geben.

51 Spiele erfinden

Lernziel	einen Text in eine neue Form umfunktionieren, und ein passendes Spiel erfinden
Klassenstufe	1.–4. Schuljahr
Sozialform	Kleingruppenarbeit
Material	Textvorlage für jedes Kind, Tonpapier, Papier, Stifte, Spielfiguren, Würfel, Schere
Geeignet für	v. a. Bilderbücher, Lektüren und Kurzgeschichten

Das bereiten Sie vor

Bereiten Sie die Texte und Materialien vor.

So geht es

Die Kinder finden sich in Kleingruppen zusammen und denken sich ein Spiel zum Text aus. Eignet sich der Text besser für ein Quiz, ein Brettspiel, Kartenspiel oder Würfelspiel?
Nachdem die Kinder sich für eine Spielform (z. B. „Tabu®") entschieden haben, beginnen sie damit, sich die Spielregeln, den Spielplan und die Aktionskarten auszudenken. Dabei suchen Sie zunächst nach Schlüsselwörtern aus dem Text, welche im Spiel umschrieben und anschließend erraten werden sollen.
Je nachdem, wie schwierig Sie das Spiel gestalten wollen, können die Kinder auf die Aktionskarte „Drache" z. B. auch die Begriffe: Herbst, Feuer, Ritter, fliegen notieren. Diese dürften dann nicht in der Umschreibung genannt werden. Nachdem alle Materialien schön ausgestaltet sind und die Kinder eine Spielanleitung geschrieben haben, dürfen sie zunächst selbst ihr Spiel ausprobieren, und letzte Änderungen vornehmen.
In einer anschließenden Spielphase können die Kinder unterschiedliche Spiele der anderen Gruppen testen.

Tipp

Auch Karten-, Würfel- oder Quizspiele lassen sich leicht von den Kindern entwickeln und spielen. Am einfachsten ist es, wenn sie von einem ihnen bekannten Spiel die Regeln und Aktionen auf den vorliegenden Text übertragen.

Brief an den Verfasser 52

Lernziel	einen Brief an den Autor schreiben
Klassenstufe	1.–4. Schuljahr
Sozialform	Einzelarbeit
Material	Textvorlage für jedes Kind, Briefpapier, Briefumschläge etc.
Geeignet für	v. a. Ganzschriften

Das bereiten Sie vor

Stellen Sie die Materialien bereit.

So geht es

Lassen Sie die Kinder Ihre Lieblingsbücher mit in die Klasse mitbringen. Sprechen Sie mit den Kindern, warum sie diese Bücher so gerne mögen. Fordern Sie die Kinder auf, an den jeweiligen Autor einen Brief zu verfassen, in dem sie beschreiben, was ihnen an dem Buch gefällt, welche Szene sie besonders spannend oder lustig fanden usw. Lassen Sie die Kinder auch gerne ein Bild zum Buch gestalten.
Bevor die Briefe verschickt werden, sollten sie in der Klasse die Bücher vorstellen, und wenn die Kinder dies möchten, auch die Briefe an den Verfasser vorlesen lassen.
Am besten schicken Sie die Briefe an den Verlag des Autors. Dort werden oftmals die Briefe gesammelt und an den Autor weitergeleitet. Die Kinder können die Briefe auch am Computer schreiben und als E-Mail versenden.
Fragen, zu denen die Kinder schreiben können:

- *Welches Buch oder welche Bücher hast du vom Autor gelesen?*
- *Was hat dir besonders gut gefallen? Was hat dir nicht gefallen?*
- *Gibt es Stellen im Text, zu denen du gerne mehr wüsstest?*
- *Hat das Buch für dich eine persönliche Bedeutung?*
- *Welche Figur aus dem Buch mochtest du am meisten?*
- *Hast du Fragen an den Autor?*

53 Schlüsselwörter

Lernziel	ausgehend von Schlüsselwörtern einen eigenen Text schreiben
Klassenstufe	1.–4. Schuljahr
Sozialform	Einzel- und Partnerarbeit
Material	Textvorlage für jedes Kind
Geeignet für	die meisten Textsorten

Das bereiten Sie vor

Bereiten Sie zwei verschiedene Texte für die Kinder vor.

So geht es

In der Partnerarbeit erhält jedes Kind einen anderen Text. Zunächst liest jedes Kind seinen Text, und notiert sich bis zu zehn Schlüsselwörter, die das Kind für entscheidend hält.
Diese Schlüsselwörter sowie die Überschrift des Textes teilen sie ihrem Partner mit. Anhand dieser Wörter versuchen die Partner, die den Text nicht kennen, eine neue Geschichte zu schreiben. Sind Sie fertig, lesen Sie sich die Partner gegenseitig ihre neuen Geschichten vor. Abschließend tauschen sie sich über die Originaltexte aus.

Variante

Schreiben Sie zu zehn Büchern jeweils fünf Schlüsselwörter auf. Präsentieren Sie den Kindern zunächst die Titelbilder der Bücher im Sitzkino (Sitzhalbkreis), nummerieren Sie diese durch. Stellen Sie den Kindern nun die Stichworte vor, und verteilen Sie an diese die Stichworte auf einzelnen Zetteln. Anschließend legen die Kinder die Stichwortzettel zu den einzelnen Büchern. Abschließend werden die Bücher mit den jeweiligen Stichwörtern verglichen. Bei welchen Büchern war das Zuordnen leicht und bei welchen schwieriger?
Lassen Sie die Kinder anschließend die Klappentexte lesen – würden manche Kinder nun ihre Wahl gerne abändern?

Szenische Gestaltung

54 Standbilder

Lernziel	eine Textszene als Standbild darstellen
Klassenstufe	1.–4. Schuljahr
Sozialform	Kleingruppenarbeit
Material	Textvorlage für jedes Kind
Geeignet für	v. a. Prosatexte

Das bereiten Sie vor

Bereiten Sie eine Textvorlage für die Kinder vor, die viele verschiedene gut darstellbare Handlungen beinhaltet.

So geht es

Die Kinder lesen in den Kleingruppen den Text und überlegen sich anschließend, welche Szene des Textes Sie als Standbild darstellen möchten. Anschließend üben die Kinder das Standbild ein. Hierfür kann jeweils ein Kind als Regisseur fungieren und die Mitschüler in die entsprechende Position bringen.

In der Präsentationsphase stellen die Gruppen nacheinander ihr Standbild vor. Die übrigen Kinder sollen sich nun überlegen, welche Textszene die Kinder darstellen, und äußern ihre Vermutungen und Begründungen.

Varianten

- Verteilen Sie an die Gruppen verschiedene kleine Episodengeschichten, welche diese in mehreren aufeinanderfolgenden Standbildern darstellen dürfen. Ein Kind ist der Vorleser. Es liest den Text immer bis zu dem Punkt, an dem der Standbildwechsel abgesprochen ist, wartet, bis die anderen Kinder fertig sind, und erzählt die Geschichte anschließend weiter.
- Lassen Sie den Regisseur die Szene, die dargestellt wird, erläutern. *Wer stellt welche Figur dar? Warum stehen die Kinder, wo sie stehen? Was ist gerade in der Szene passiert?*
- Lassen Sie die Kinder die Beziehung zwischen den Figuren, ein Gefühl oder das Thema des Textes durch ein Standbild darstellen.

Pantomime 55

Lernziel	eine Textstelle pantomimisch darstellen
Klassenstufe	1.–4. Schuljahr
Sozialform	Partner- oder Gruppenarbeit
Material	Textvorlage für jede Gruppe
Geeignet für	v. a. Prosatexte

Das bereiten Sie vor

Bereiten Sie die Texte für die Gruppenarbeit vor.

So geht es

Die Kinder lesen die Texte zunächst still. In der Gruppenarbeit besprechen die Kinder, welche Textszene sie pantomimisch darstellen wollen.
Sie verteilen die Rollen und spielen die Szene durch. Fordern Sie die Kinder auf, mit viel Mimik und großen Gesten zu arbeiten.
Die Zuschauer erläutern im Anschluss, welche Szene sie beobachtet haben, welche Figuren die Kinder dargestellt haben und welche Gefühle und Gedanken die Figuren darstellen.
Abschließend kann die präsentierende Gruppe ihre Ansichten über die dargestellte Szene mitteilen.

Varianten

Die Kinder stellen pantomimisch …
- die Botschaft des Textes dar,
- die Emotionen einer Figur dar,
- das Verhältnis zweier Figuren dar.

Die Kinder stellen pantomimisch einen bekannten Text vor.
Die anderen Kinder erraten, welchen Text sie darstellen.
Die Kinder stellen ein Standbild (S. 68) dar.

56 Talkshow

Lernziel	über die Figuren eines Textes nachdenken und in deren Rollen schlüpfen
Klassenstufe	1.–4. Schuljahr
Sozialform	ganze Klasse
Material	mehrere Texte oder Bücher, Papier und Stifte, Videogerät oder Diktiergerät
Geeignet für	v. a. Prosatexte

Das bereiten Sie vor

Legen Sie alle Materialien bereit.

Hinweis

Sie müssen die Interviews nicht unbedingt aufnehmen, jedoch können Sie die Interviews so leicht für Präsentationen nutzen, und den Kindern die Aufnahme zur Selbstreflexion vorspielen.

So geht es

Lassen Sie die Kinder zunächst den Text lesen und sich im Partnergespräch austauschen.
Besprechen Sie mit den Kindern zunächst alle Figuren des Textes.
Welche Eigenschaften und Meinungen vertreten die einzelnen Figuren?
Wie würden die Figuren auf gewisse Fragen reagieren?
Fragen Sie nun die Kinder, wer sich zutrauen würde, in die Rolle der Figuren zu schlüpfen und sich in einer Talkshow den Fragen des Moderators zu stellen.
Lassen Sie sich die Kinder in einem Halbkreis auf die „Bühne" setzen, und spielen Sie mit ihnen eine Talkshowsituation durch.

Variante

Lassen Sie in Gruppenarbeit einzelne Rollenkarten für die einzelnen Figuren entwickeln, auf denen die Kernmerkmale und Kernsätze der Figur stehen.

Videodreh 57

Lernziel	|	einen Text als Video umsetzen
Klassenstufe	|	1.–4. Schuljahr
Sozialform	|	Kleingruppenarbeit
Material	|	Textvorlage für jedes Kind, Papier, Stifte, Videokamera
Geeignet für	|	viele Prosatexte, Sketche und Theaterspiele

Das bereiten Sie vor

Bereiten Sie für die Kinder eine Textvorlage vor, und legen Sie die Videokamera bereit.

So geht es

Die Kinder erhalten einen Text mit übersichtlichem Umfang. Zunächst lesen sie den Text und besprechen den Inhalt. Wie wollen sie die Szene am besten darstellen? Bevor die Kinder die einzelnen Rollen verteilen, schreiben sie zunächst ein Drehbuch mit den einzelnen Handlungsanweisungen und der wörtlichen Rede. Lassen Sie den Kindern ausreichend Zeit, um sich ihren Text einzuprägen und die Szene so lange proben zu können, bis sie rund läuft.

Differenzierung

Wenn Sie den Kindern eine Textvorlage mit bestehenden Rollen und Handlungsanweisungen vorgeben, fällt die szenische Umsetzung jüngeren Kindern leichter.

Lassen Sie die Kinder den Text frei nachspielen, ohne, dass sich die einzelnen Personen ein Skript schreiben.

58 Theaterspiel

Lernziel	den Schluss eines Textes selber verfassen
Klassenstufe	1.–4. Schuljahr
Sozialform	Kleingruppenarbeit
Material	Textvorlagen für jede Kleingruppe, Beleuchtung, Vorhang, Wäscheleine, Requisiten
Geeignet für	viele Prosatexte, Sketche und Theaterspiele

Das bereiten Sie vor

Entscheiden Sie sich für ein Theater-, ein Schattentheater-, ein Stab-, Hand- oder Fingerpuppenspiel.
Bereiten Sie ggf. eine kleine Bühne mit Vorhang vor. Stellen Sie den Kindern einige Texte zur Verfügung.

So geht es

Die Kinder entscheiden sich für einen Text, den sie (z. B. in einem Schattenspiel) umsetzen wollen.
In der Kleingruppe lesen die Kinder zunächst die Texte still für sich, besprechen die Handlung und verteilen die Rollen. Nun beginnen sie, die Handlung nachzuspielen.

Wer sagt was? Gibt es einen Erzähler, der auch die Rolle des Regisseurs übernimmt, oder spricht zudem jede Figur ihren Text?

Lassen Sie den Gruppen ausreichend Zeit, um ihr Theaterspiel einzuüben. Anschließend präsentieren die Gruppen ihre Ergebnisse.

Varianten

- Lassen Sie die Kinder, statt frei zu sprechen, zunächst ein Skript schreiben, in dem die Handlung und der Text der einzelnen Figuren festgehalten werden.
- Fordern Sie die Kinder auf, eine Textstelle spontan nachzuspielen. Dabei dürfen die Darsteller frei improvisieren.

Figuren im Interview 59

Lernziel	über die Figuren eines Textes nachdenken und in Ihre Rollen schlüpfen
Klassenstufe	1.–4. Schuljahr
Sozialform	Partnerarbeit
Material	mehrere Texte oder Bücher, Papier und Stifte, Video- oder Diktiergerät
Geeignet für	die meisten Textsorten

Das bereiten Sie vor

Bereiten Sie die Materialien vor.

Hinweis

Sie müssen die Interviews nicht unbedingt aufnehmen, jedoch können Sie die Interviews so leicht für Präsentationen nutzen und den Kindern die Aufnahme zur Selbstreflexion vorspielen.

So geht es

Die Kinder lesen sich in Zweiergruppen einen Text oder den Teil eines Buches gegenseitig vor. Regen Sie die Kinder an, sich mit den Geschehnissen und den Figuren auseinanderzusetzten und zu überlegen, weshalb die Figuren so handeln, wie sie es tun.
Nachdem die Kinder ihre Meinungen ausgetauscht haben, überlegen Sie gemeinsam, welche Figur sie interviewen wollen würden und was diese auf die Fragen antworten würde. Die Fragen notieren Sie auf einem Blatt Papier. Nun übernimmt ein Kind die Rolle der Figur und das zweite Kind die des Moderators. Alle Gruppen üben das Interview ein paar Minuten lang ein. Sobald sich eine Gruppe in ihrer Darstellung sicher fühlt, können Sie diese mit dem Videorekorder oder dem Diktiergerät aufnehmen.
Stellen Sie in einer anderen Stunde die Ergebnisse der Gruppen vor.
Achten Sie hierbei auf den Respekt der Kinder gegenüber den Darstellungen der anderen und auf ein positives sowie konstruktives Feedback.

Visuelle und akustische Gestaltung

60 Buchumschläge gestalten

Lernziel	Buchumschläge gestalten
Klassenstufe	1.–4. Schuljahr
Sozialform	Einzel- und Partnerarbeit
Material	Bücher, verschiedene Stifte, Packpapier, Papier, Klebestreifen
Geeignet für	die meisten Textsorten

Das bereiten Sie vor

Legen Sie alle Materialien bereit.

So geht es

Besprechen Sie mit den Kindern die Aufgaben von Buchumschlägen. Sammeln Sie die Ideen der Kinder in einer Mind-Map.

Wichtige Aspekte können hierbei sein: Buchumschläge sollen …

- informieren,
- neugierig machen,
- Schutz bieten,
- das Buch verkaufen.

Besprechen Sie mit den Kindern Eigenschaften und Funktionen von Titelbildern und Klappentexten.
Die Kinder vergleichen verschiedene Titelbilder und Klappentexte.
Warum sprechen sie die Kinder mal mehr oder weniger an? Regen Sie die Kinder an, zu einem Buch, das sie besonders mögen, ein Titelbild zu malen.

Variante

Lassen Sie die Kinder zudem auch neue, spannende Klappentexte verfassen.

Gestaltung in einem Wort 61

Lernziel	einen Text in eine Kernaussage übertragen
Klassenstufe	1.–4. Schuljahr
Sozialform	Einzel- oder Partnerarbeit
Material	Textvorlage für jedes Kind, Papier/Plakate, Stifte, Perlen, Muscheln, Federn, Lametta etc.
Geeignet für	die meisten Textsorten

Das bereiten Sie vor

Bereiten Sie eine Textvorlage für die Kinder vor, und stellen Sie alle Materialien bereit.

So geht es

Die Kinder lesen den Text und überlegen sich, wie dessen Botschaft, oder die Kernaussage lautet. Dabei kommt es besonders darauf an, dass sie diese in einem Wort zusammenfassen können. Welches Wort stellt die Botschaft am besten dar? Freundschaft? Mut? Humor?
Die Kinder schreiben zunächst eine kleine Erläuterung, weshalb sie sich für diesen Begriff entschieden haben. Anschließend schreiben die Kinder dieses Wort in einer besonderen Schreibgestaltung groß auf das Papier. Die Kinder können zur Ausgestaltung des Wortes neben Stiften auch weitere Utensilien verwenden.
Lassen Sie die Kinder ihre Ergebnisse in einem kurzen Blitzlicht den anderen vorstellen.

Variante

Verteilen Sie an die Kinder eine Kopiervorlage, welche den Umriss eines Schlüssels darstellt. Die Kinder schreiben eine Beschreibung der Schlüsselstelle des Textes in den Schlüssel und begründen dabei auch ihre Meinung.

62 Postkartengrüße und mehr

Lernziel	den Inhalt eines Textes darstellen
Klassenstufe	1.–4. Schuljahr
Sozialform	Einzelarbeit
Material	Textvorlage für jedes Kind, unlinierte DIN-A5-Karteikarten, Buntstifte, Lineal, Locher, Wollreste
Geeignet für	die meisten Textsorten

Das bereiten Sie vor

Bereiten Sie die Textvorlagen für die Kinder vor.

So geht es

Stellen Sie den Kindern die Verfahren „Postkartengrüße" und „Geschichtenteppich" vor.
Entscheiden sich die Kinder nach dem Lesen des Textes für die **Postkartengrüße**, erstellen sie eine Postkarte, die auf der Vorderseite ihren Lieblingsschauplatz darstellt. Auf die Rückseite schreiben sie einen Text an einen Freund, in welchem sie den Schauplatz der Geschichte beschreiben.
Entscheiden sich die Kinder dafür, einen **Geschichtenteppich** zu gestalten, lochen sie zunächst die Längsseite der Karteikarte mehrfach. Nun zeichnen sie zwei Rechtecke auf die Karte.
In den äußersten Rahmen malen die Kinder nun ein Muster, das etwas über den Schauplatz des Textes aussagt. In den mittleren Rahmen zeichnen sie ein Muster, dass etwas über die Hauptfigur aussagt. In das Rechteck im Zentrum malen die Kinder ihre Lieblingsszene des Textes. Zum Schluss knoten die Kinder die Wollreste als Teppichfransen in die Löcher der Karte.
Abschließend können die Kinder ihre Werke in einer Ausstellung präsentieren und sich die Produkte der anderen ansehen.

Variante

Die Kinder können auch ein Wortbilder-Museum gestalten, indem sie mehrere Bilderrahmen auf ein DIN-A3-Blatt malen, welche sie mit Hauptfigur, Schauplatz, Handlung, Thema beschriften. Anschließend schreiben sie jeweils eine Beschreibung in die Bilderrahmen und zeichnen dazu etwas.

Bildergeschichten 63

Lernziel	eine Bildergeschichte verfassen
Klassenstufe	1.–4. Schuljahr
Sozialform	Einzel- und Partnerarbeit
Material	Bildergeschichte auf Folie, Overheadprojektor, Textvorlage für jedes Kind, Papier, Stifte, Lineal
Geeignet für	v. a. Kurzgeschichten, Fabeln oder Märchen

Das bereiten Sie vor

Kopieren Sie eine Bildergeschichte auf Folie.

So geht es

Stellen Sie den Kindern eine Bildergeschichte vor. Sprechen Sie mit den Kindern über den Aufbau von Bildergeschichten. Wie liest man eine Bildergeschichte? Was ist mit dem Text? Worauf sollte man achten, wenn man eine Bildergeschichte malt? Steht der Text unter, in oder über den Bildern? Und was macht man mit wörtlicher Rede?
Die Kinder suchen sich in der Arbeitsphase eine Geschichte aus, die sie als Bildergeschichte darstellen möchten.
Sie malen nun alleine oder zu zweit die benötigten Bilder für die Bildergeschichte und ergänzen den Text.
Bevor die Kinder die Bilder „ins Reine" malen, sollte allerdings der Text für die Sprechblasen feststehen. Denn es ist sehr ärgerlich, wenn der Text später in die schönen Bilder nicht mehr hineinpasst.

Variante

Lassen Sie die Kinder ein Storyboard (S. 84) malen.

64 Multimedia-Präsentation

Lernziel	einen Text in einer anderen Darstellungsform präsentieren, Bilder zum Text gestalten und verschiedene Medien nutzen
Klassenstufe	1.–2. Schuljahr
Sozialform	ganze Klasse, Gruppenarbeit
Material	Bilderbuch, Textvorlage für jedes Kind, PC, Beamer, Digitalkamera, ggf. digitales Diktiergerät, verschiedene Stifte, Wachsmalkreide
Geeignet für	die meisten Textsorten, v. a. Bilderbücher

Das bereiten Sie vor

Schreiben Sie den Text des Bilderbuches mit dem Computer ab.
Drucken Sie alle Textpassagen einzeln aus.

So geht es

Lesen Sie den Kindern das Bilderbuch vor, jedoch ohne diesen die Bilder zu zeigen. Anschließend verteilen Sie die Textpassagen an die Schüler. Alle Schüler bekommen nun die Aufgabe, zu dem vorliegenden Text ein Bild zu malen.
Sind alle Bilder fertig gestellt, fotografieren Sie die Bilder und fügen diese der Reihe nach in eine Powerpoint-Präsentation ein.
Die Kinder üben nun das Lesen oder freie Erzählen zu ihren Bildern, während die Präsentation über einen Beamer abgespielt wird.

Varianten

- Die Kinder nehmen die Geschichte mit dem Diktiergerät auf und legen diese über die Bildpräsentation.
- Statt einzelner Bilder können die Kinder auch einen Hintergrund sowie die einzelnen Gegenstände und Figuren malen bzw. diese mit Knete oder Spielfiguren darstellen. Nun werden die Figuren auf dem Hintergrund angeordnet, fotografiert und immer ein Stück weiterbewegt und verändert.

Die Welt des Comics 65

Lernziel	Lesemotivation fördern und Bilder zum Text malen
Klassenstufe	1.–4. Schuljahr
Sozialform	Einzel- und Partnerarbeit
Material	Textvorlage für jedes Kind
Geeignet für	Comics

Das bereiten Sie vor

Suchen Sie sich einen Comic aus, den die Kinder ansprechend finden könnten, und kopieren Sie diesen. Löschen oder überkleben Sie jedoch einzelne Bilder, und kopieren Sie dann diese Vorlage etwas vergrößert für die Kinder.

So geht es

Sprechen Sie zunächst mit den Kindern über Comics. Welche Merkmale haben sie? Was unterscheidet sie von „klassischen Texten"?
Verteilen Sie nun die Vorlagen an die Kinder. Die Kinder lesen die Texte in ihrem eigenen Tempo. Anschließend zeichnen sie Bilder zu den Texten.
Die Ergebnisse können die Kinder z. B. in der Präsentationsecke ausstellen.
Besonders viel Spaß macht es den Kindern natürlich, wenn jedes Kind einen eigenen Comic gestalten darf und diese gesammelt als Klassen-Comics in die Freiarbeitsecke als Lesematerial zur Verfügung gestellt werden.

Varianten

- Löschen Sie anstelle der Bilder die Texte des Comics, und lassen Sie diese von den Kindern ergänzen.
- Die Kinder gestalten zu Prosatexten eigenständig Comics.

66 Texte in Ton und Knete

Lernziel	einen Text plastisch darstellen
Klassenstufe	1.–4. Schuljahr
Sozialform	Einzel- und Partnerarbeit
Material	Textvorlage für jedes Kind, Ton oder Knete
Geeignet für	die meisten Textsorten

Das bereiten Sie vor

Bereiten Sie die Texte für die Kinder vor, und stellen Sie Knete oder Ton zur Verfügung.

So geht es

Die Kinder lesen den Text und überlegen sich, wie sie den Text als Plastik festhalten wollen. Möchten sie eine Hauptfigur formen, eine Szene darstellen, den Handlungsort gestalten oder ein abstraktes Symbol für den Text erfinden? Nachdem die Kinder ihre Plastik ausgestaltet haben, schreiben sie in ein paar kurzen Sätzen, was die Plastik darstellt und warum sie sich für diese entschieden haben.
Die Kunstwerke können anschließend mit dem Originaltext in einer Art Galerie allen zugänglich gemacht werden oder in der Präsentationsecke (S. 26) ausgestellt werden.

Differenzierung

Helfen Sie den jüngeren Kindern beim Schreiben der Erklärung zu ihren Werken.

Variante

Besprechen Sie mit den Kindern, was alles im Text vorkommt und was dargestellt werden sollte. Sammeln Sie die Vorschläge zunächst in einem Brainstorming an der Tafel. Anschließend können Sie die Elemente einzelnen Kindern zuordnen, sodass die Einzelteile zu einem großen Ganzen zusammengefügt werden können.

Bilderbücher gestalten 67

Lernziel	einen Text in ein Bilderbuch umwandeln
Klassenstufe	1.–2. Schuljahr
Sozialform	Einzel- oder Kleingruppenarbeit
Material	Textvorlage als Ausdruck für jedes Kind, verschiedene Bilderbücher, Wassermalfarbe, Pinsel, Becher, Zeichenblock
Geeignet für	Fabeln, Märchen, Kurzgeschichten

Das bereiten Sie vor

Stellen Sie alle Materialien zur Verfügung.

So geht es

Lassen Sie die Kinder zunächst in Bilderbüchern schmökern.
Arbeiten Sie dann die Merkmale von Bilderbüchern mit den Kindern heraus: geringe Wortanzahl, große und farbenfrohe Bilder, große Schrift, robuste Machart etc.
Die Kinder lesen den Text und besprechen den Inhalt und die Abschnitte, in welche man die Geschichte gliedern könnte. Anschließend finden sich die Kleingruppen zusammen und besprechen, wer welche Szene der Geschichte malt.
Nun malen die Kinder zunächst die Bildseiten des zukünftigen Bilderbuches. Während die Bilder trocknen, schreiben die Kinder den Bilderbuchtext ordentlich auf ein weiteres Blatt ab. Sind alle Einzelteile vollendet, werden die Bücher zu einem Ganzen zusammengefügt und gebunden.
Stellen Sie die Bilderbücher in die Leseecke, wo die Kinder sich diese jederzeit zum Schmökern nehmen können.

Differenzierung

Strukturieren Sie den Text für die Kinder bereits so vor, dass diese wissen, zu welchen Textabschnitten sie Bilder zeichnen sollen.

68 Storyboard

Lernziel	einen Handlungsverlauf in Bilder umsetzen
Klassenstufe	2.–4. Schuljahr
Sozialform	Partnerarbeit
Material	Textvorlage für jedes Kind, DIN-A4-Papier
Geeignet für	die meisten Textsorten

Hinweis

Ein Storyboard wird von Filmproduzenten angefertigt, um den Handlungsablauf einer Geschichte darzustellen. Es ähnelt zwar einem Comic, da es ebenfalls gezeichnet ist, jedoch ist es nur eine grobe Skizzenfolge, die keine Dialoge und Handlungen als Text beinhaltet.

Das bereiten Sie vor

Bereiten Sie die benötigten Materialien vor.

So geht es

Erläutern Sie den Kindern den Unterschied zwischen einem Comic und einem Storyboard. Lesen Sie den Kindern nun eine Geschichte vor, die diese als Storyboard umsetzen sollen. Besprechen Sie mit den Kindern zunächst die Kernidee des Textes und die wichtigsten Elemente, die das Storyboard enthalten soll.

Die Kinder zeichnen die wichtigsten Szenen nun in der richtigen Reihenfolge hintereinander auf ein Blatt. Lassen Sie die Kinder hierfür das Blatt mehrfach mittig falten, sodass mehrere Zeichenfelder entstehen.

Variante

Teilen Sie die Klasse in zwei Gruppen. Jede Gruppe erhält einen anderen Text den sie bearbeiten, als Storyboard darstellen und mit ihren Namen versehen. Sind die Storyboards fertig gezeichnet, werden sie in zwei Stapel auf den Lehrertisch gelegt. Die Kinder können sich nun ein Storyboard zu dem unbekannten Text nehmen und zu diesem eine Geschichte schreiben. Abschließend lesen die Gruppen die Geschichten der anderen, geben Rückmeldung und stellen bzw. erzählen ihnen die Originalgeschichte anhand ihres Storyboards nach.

Bildcollage 69

Lernziel	Bildcollagen zu einem Text erstellen
Klassenstufe	1.–4. Schuljahr
Sozialform	Einzel- und Partnerarbeit
Material	Textvorlage für jedes Kind, Prospekte, Zeitschriften, Postkarten, Zeitschriften, alte Bild- und Fotobände
Geeignet für	die meisten Textsorten

Hinweis

Auf vielen Bücherbasaren können Sie preiswert Bild- und Fotobände erstehen, welche die Kinder zerschneiden können. Natürlich sollten Kinder den respektvollen Umgang mit Büchern lernen. Jedoch können Sie hier eine Ausnahme machen, die Bilder zuvor selbst aus dem Buch schneiden oder lediglich Zeitschriften und Postkarten verwenden.

Das bereiten Sie vor

Stellen Sie alle benötigten Materialien bereit.

So geht es

Lassen Sie die Kinder die Texte still lesen, oder lesen Sie sie vor. In einem anschließenden Gespräch können Sie mit den Kindern den Inhalt besprechen. Fragen Sie die Kinder auch, ob der Text bestimmte Gefühle in ihnen auslöst. Lassen Sie die Kinder eine Mind-Map zum Text erstellen. Anschließend können die Kinder in Einzel- oder Partnerarbeit eine Collage zum Text und der Mind-Map gestalten. Dabei sollte die Bildcollage den Textinhalt und die Mind-Map widerspiegeln.

Variante

Lassen Sie die Stimmung oder Atmosphäre eines Textes durch eine abstrakte Form- oder Farbgestaltung darstellen.

70 Grafische Verlaufskurve

Lernziel	einen Text als grafische Verlaufskurve darstellen
Klassenstufe	2.–4. Schuljahr
Sozialform	Einzel- oder Partnerarbeit
Material	Textvorlage für jedes Kind
Geeignet für	v. a. erzählende Texte

Das bereiten Sie vor

Bereiten Sie den Text für die Kinder vor.
Überlegen Sie, was Sie grafisch von den Kindern umsetzen lassen wollen. Sollen der Spannungsverlauf, das Verhältnis der Figuren, die Gefühle der Hauptperson oder etwas anderes dargestellt werden?

So geht es

Lesen Sie mit den Kindern den Text. Besprechen Sie den Text gemeinsam, und lenken Sie das Gesprächsthema mit den Kindern z. B. auf den Spannungsverlauf der Geschichte. Lassen Sie die Kinder diesen an der Tafel aufzeichnen und mit eingefügten Schlüsselwörtern oder Texten ausgestalten.

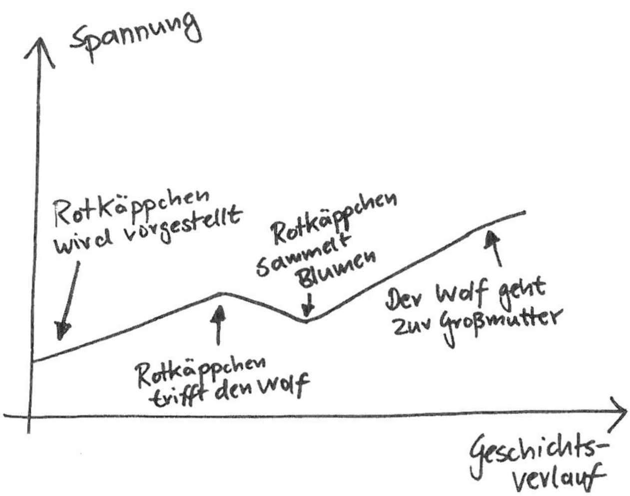

Literaturzeitung 71

Lernziel	eine Literaturzeitung zusammenstellen
Klassenstufe	2.–4. Schuljahr
Sozialform	gesamte Klasse
Material	DIN-A3-Blätter, Schülertexte, Bunt- und Filzstifte, Klebestifte, Klebestreifen, Lineal, Schere, literarische Texte, Sachtexte etc.
Geeignet für	alle Textsorten

Das bereiten Sie vor

Stellen Sie alle Materialien bereit.

So geht es

Die Kinder schreiben für die Literaturzeitung zu einem bestimmten Text oder Thema Texte, Gedichte, Rezensionen oder Interviews. Die Kinder gestalten dabei das Layout der Zeitung, malen Bilder oder suchen passende Bilder zur Illustration der Artikel. Lassen Sie die Kinder diese Texte am Computer verfassen und in mehrere Spalten setzen.

Varianten

- Ziehen Sie mit Ihrer Klasse ein längerfristiges Zeitungsprojekt auf. Besprechen Sie mit ihnen Druckverfahren, und lassen Sie die Kinder diese erproben. In die Zeitung können die Kinder alle Geschehnisse des Schul- und Lebensalltags aufnehmen. Lassen Sie die Kinder selbst Zeitungsartikel aus der Lokalpresse ausschneiden und zu diesen eigene Texte verfassen.
  So können die Kinder z. B. Menschen aus ihrem Umfeld zu diesem Thema interviewen.
- Besprechen Sie mit den Kindern die Merkmale und Inhalte von Zeitungen. *Wie werden Titel angegeben, Bilder beschriftet etc.?*
- Stellen Sie die Literaturzeitung auch anderen Klassen zur Verfügung. Sie könnten z. B. mit anderen Klassen einen Austausch beginnen, diese die Zeitung ergänzen lassen oder eine weitere Ausgabe schreiben lassen, welche Sie in Ihrer Klasse ausstellen können.

72 Stimmungsvortrag

Lernziel	mit verschiedenen Vortragsweisen experimentieren
Klassenstufe	1.–4. Schuljahr
Sozialform	Einzelarbeit, ganze Klasse
Material	Texte, Stimmungsbox und Stimmungszettel
Geeignet für	alle Textsorten

Das bereiten Sie vor

Bereiten Sie eine „Stimmungsbox" vor. Darin legen Sie einige Zettel mit Gefühlsausdrücken. Sie können der Box ein besonderes Aussehen geben, indem Sie einen Schuhkarton mit Tonkarton verkleiden und mit verschiedenartigen Smileys bemalen. Eine normale Box tut es aber auch.

So geht es

Die Kinder üben still einen kleinen Text zum flüssigen Vorlesen ein.
Nun tragen sie diesen einzeln vor. Bevor sie den Text lesen, ziehen sie einen Zettel aus der Stimmungsbox. Zieht ein Kind den Zettel „ärgerlich", so versucht es den Text möglichst in dieser Stimmung vorzulesen. Anschließend dürfen die Zuhörer raten, welche Stimmung das Kind darstellen sollte. Dann ist der nächste Gefühlsvortrag an der Reihe. Die Kinder können mit verschiedenen Vortragsweisen spielerisch experimentieren.

Wie sollte ein Text vorgetragen werden, der pathetisch, befehlend, fröhlich, traurig oder ängstlich klingen soll?

Varianten

- Teilen Sie die Kinder in Gruppen auf, in welchen die Kinder nacheinander eine Stimmung darstellen.
- Lassen Sie je ein Kind Leser und Regisseur sein. Der Leser beginnt, den Text normal vorzulesen. Ruft der Regisseur dem Leser eine Stimmung zu, so versucht dieser, diese Art sofort umzusetzen.
- Lassen Sie die Kinder frei eine Stimmung wählen, die sie verkörpern wollen.

Werbung für Texte 73

Lernziel	einen Werbespot oder Slogan schreiben
Klassenstufe	1.–4. Schuljahr
Sozialform	Partnerarbeit
Material	Textvorlage für jedes Kind (Text oder Buch), evtl. Aufnahmegeräte, Abspielgerät, Beispielmaterial: Jingles aus der Werbung
Geeignet für	viele Textsorten und Bücher

Das bereiten Sie vor

Stellen Sie die benötigten Materialien zur Verfügung.
Besprechen Sie mit den Kindern die Funktion von Werbung. Welche Tricks werden angewendet, um das Interesse beim Hörer oder Leser zu wecken? Befassen Sie sich mit der Frage, weshalb einem einige „Jingles" so leicht im Gedächtnis bleiben oder warum man manche Werbetexte auswendig mitsprechen kann.

So geht es

Die Kinder lesen zu zweit einen Text und überlegen sich, wie sie das Interesse der anderen Schüler auf ihren Text lenken könnten.

Was gefällt ihnen besonders gut am Text?
Ist er informativ, verständlich, lustig oder besonders spannend?
Weshalb könnte das Thema für die anderen Kinder interessant sein?

Die Kinder überlegen sich einen Werbetext oder eine Gestaltung, womit sie ihren Text oder ihr Buch anpreisen möchten.
Lassen Sie die Kinder ihren Werbespot mit einem Tonbandgerät aufnehmen oder in einer Präsentationsrunde vorstellen.

Varianten

- Lassen Sie die Kinder einen Werbejingle schreiben und diesen vorsingen.
- Geben Sie den Kindern ein paar Kriterien vor, wie sie ihre Werbung ausgestalten sollen – z. B. durch Alliteration, Wortspiele, Reime etc.
- Lassen Sie die Kinder ein Werbeplakat erstellen.
- Lassen Sie die Kinder einen Werbeclip für den Text einstudieren.

74 Stimmen-Skulptur

Lernziel	Sensibilisierung der Empathiefähigkeit und Förderung der Ausdrucksfähigkeit
Klassenstufe	1.–4. Schuljahr
Sozialform	ganze Klasse
Material	Textvorlage für jedes Kind
Geeignet für	die meisten Prosatexte

Das bereiten Sie vor

Bereiten Sie für die Kinder eine Textvorlage vor.

So geht es

Die Kinder lesen zunächst den Text. Anschließend tauschen sie sich im Partnergespräch über die Handlung, die Problematik sowie die Motivation der Hauptcharaktere aus. Welche Szene des Textes stellt den Konflikt oder das Verhältnis zwischen den Personen am deutlichsten dar? Was denken die Figuren? Was fühlen sie, und was würden sie gerne sagen? Sammeln Sie ein paar Stichpunkte in einer Tabelle an der Tafel.

Nehmen Sie einen oder mehrere Freiwillige an die Reihe. Die Freiwilligen stellen sich vor die Tafel. Sie verkörpern die Figuren der Szene als Standbild. Lesen Sie diese Szene nochmals im Original vor. Fordern Sie die übrigen Kinder auf, als „Gedankensprecher" tätig zu werden. Die „Gedankensprecher" stellen sich der Reihe nach hinter einer der Figuren im Halbreis auf und formulieren einen kurzen Satz in der Ich-Form, den diese Figur sagen könnte. Dabei sollen die Kinder möglichst die entsprechende Gefühlsstimmung ihrer Sätze mit ihrer Stimme deutlich verkörpern. Ist der Gedanke allzu abwegig, können die übrigen Kinder an dieser Stelle Einspruch erheben und diesen Gedanken diskutieren. Stehen alle „Gedankensprecher" bereit, können Sie die einzelnen Gedanken dirigieren. Jedes Kind wiederholt seinen Gedanken auf Ihr Zeichen mal nacheinander, mal gleichzeitig, im Kanon, leise oder laut.

Tauschen Sie sich abschließend mit den Kindern darüber aus, wie sie diese Stimmen-Skulptur erlebt haben.

Variante

Sammeln Sie keine Stichpunkte an der Tafel.

Texte vertonen 75

Lernziel	Texte musikalisch umsetzen
Klassenstufe	1.–4. Schuljahr
Sozialform	Gruppenarbeit
Material	Textvorlage für jedes Kind, Zeitungspapier, Flaschen, Instrumente (Orff-Instrumente, Kazoos, Boomwackers®)
Geeignet für	Prosatexte, in denen die Handlungen (lautmalerisch) beschrieben werden

Das bereiten Sie vor

Stellen Sie alle Materialien zur Verfügung.

So geht es

Wenn möglich, verteilen Sie die Gruppen auf unterschiedliche Räume (Flur), damit alle ungestört proben können.
Geben Sie jeder Gruppe einen anderen Text. So entsteht weniger Konkurrenz zwischen den Gruppen und mehr Respekt und Akzeptanz vor dem Tun der anderen.
Die Kinder treffen sich in den Gruppen, lesen gemeinsam den Text und besprechen diesen. Zunächst klären sie, welche Stellen sie vertonen wollen, und kennzeichnen diese. Dann versuchen sie zunächst, diese Geräusche in der Experimentierphase zu erzeugen. Mit welchen Utensilien lassen sich die verschiedenen Klänge produzieren? Anschließend wird ein Vorleser bestimmt, der den Text vorträgt, zu dem die übrigen Kinder die Hintergrundgeräusche erzeugen.
In der Präsentationsphase tragen die Gruppen zunächst ihre Beiträge vor und geben sich im Anschluss ein Feedback.

Varianten

- Lassen Sie die Kinder eine passende Hintergrundmusik (CD-Player) zum Vorlesen von Texten finden, welche den Textinhalt widerspiegelt bzw. unterstreicht.
- Lassen Sie die Kinder einen bekannten Text ausschließlich durch Geräusche erzählen.

76 Hörspiel

Lernziel	einen Text mit Sprache und Hintergrundgeräuschen ausgestalten
Klassenstufe	1.–4. Schuljahr
Sozialform	Partner- oder Kleingruppenarbeit
Material	Textvorlage als Ausdruck für jedes Kind, Instrumente zur Erzeugung von Hintergrundgeräuschen, Aufnahmegeräte, ggf. ein weiterer Raum/Flur (Tonstudio)
Geeignet für	v. a. erzählende Texte, in denen mindestens zwei Figuren vorkommen, wie Lektüren und Kurzgeschichten

Das bereiten Sie vor

Überlegen Sie sich zunächst, ob jede Gruppe ein eigenes Hörspiel gestalten soll oder ob alle Gruppen einen Teil der Geschichte vertonen sollen. Bereiten Sie dementsprechend die Texte vor. Stellen Sie schließlich alle Materialien bereit.

Tipp

Wenn Sie ein gut inszeniertes Hörspiel zur Hand haben, dann nehmen Sie dieses als Hörbeispiel mit in die Klasse. Sie können dieses zu Beginn der Stunde als Impuls anspielen und die Schüler von diesem Punkt zum Stundenthema kommen lassen. In höheren Klassen können Sie zudem über dieses Hörbeispiel Kriterien für ein gelungenes Hörspiel erarbeiten.

So geht es

Die Kinder werden zunächst in Gruppen unterteilt. Jede Gruppe erhält ihren Text und die Aufgabe, diesen still zu lesen. Die Kinder teilen unter sich die Rollen auf und lesen den Text laut in Rollen vor. Nun überlegen die Kinder, wie die Hintergrundgeräusche zu den einzelnen Passagen des Textes aussehen sollten.

Welche Handlungen können gut mit Geräuschen hinterlegt werden, und wie?

Die Kinder experimentieren zunächst ein wenig. Anschließend werden der gelesene Text und die Geräusche miteinander kombiniert. Wenn die Gruppe entscheidet, dass sie gut vorbereitet ist, wird das Hörspiel in einem ruhigen Raum aufgenommen.

Differenzierung

Geben Sie den Kindern Texte, die entweder bereits eine klare Struktur aufweisen, wie dies in Theaterstücken üblich ist, oder markieren Sie im Fließtext die einzelnen Sprecher und Geräusche farblich.

Kinder, die Hemmungen haben, einen langen Text vorzulesen, können zunächst beginnen, Geräusche zu erzeugen und nur „kleinere" Sprecherrollen zu übernehmen.

Hinweise

- Als Instrumente für Hintergrundgeräusche können alte Zeitungen und Dosen genauso dienen wie das Orff-Instrumentarium. Positiv ist es, wenn Ihre Schüler mit einer Vielzahl von Requisiten experimentieren können.
- Besonders motivierend für die Kinder ist es zudem, wenn sie eigene Texte gestalten können.

Variante

Sie können auch mit einer ganzen Klasse gemeinsam einen Text vertonen. Hierbei gibt es Sprecherrollen und Schüler, welche die Ausgestaltung der Hintergrundgeräusche übernehmen, wie beispielsweise das Erzeugen von Windgeräuschen.

77 Songwriter und Liedermacher

Lernziel	|	Texte in Lieder umschreiben
Klassenstufe	|	3.–4. Schuljahr
Sozialform	|	Kleingruppenarbeit
Material	|	Für jede Gruppe einen Text und ggf. Instrumente
Geeignet für	|	viele Textsorten (Balladen, Sagen, Legenden etc.)

Das bereiten Sie vor

Bereiten Sie einige Textvorlagen vor

So geht es

Stellen Sie der gesamten Klasse kurz die verschiedenen Texte vor. In der Kleingruppenarbeit lesen sich die Kinder die Texte vor und einigen sich, welchen der Texte sie zu einem Lied umschreiben wollen. Nun finden sie zu dem bestehenden Text eine Melodie oder komponieren diese selbst. Geben Sie den Kindern dazu ausreichend Zeit. Lassen Sie die Ergebnisse aufschreiben und präsentieren. Oft ist es erstaunlich, zu welchen Ergebnissen die Kinder kommen, wenn sie im Prozess angeleitet werden, aber dennoch genug Freiraum bekommen, um ihren Ideen freien Lauf zu lassen.

Tipp

Nicht jedes Kind singt gerne und steht gerne im Mittelpunkt. Für diese Kinder ist es angenehmer, wenn sie die übrigen Kinder musikalisch beispielsweise mit Orff-Instrumenten begleiten können.

Differenzierung

Wenn diese Aufgabe zu schwierig für eine Gruppe ist, können Sie ihr anbieten, den Text mit reiner Musik zu hinterlegen und durch sprachliche Gestaltung stimmungsvoll zu präsentieren.

Varianten

- Die Texte können als Sprechgesang gerappt werden.
- Geben Sie den Kindern auch die Möglichkeit, sich instrumental zu begleiten. Stellen Sie hierfür Instrumente zur Verfügung. Besonders empfehlenswert sind Kazoos.

Medientipps

Verena Baldus:
50 Dilemma-Geschichten für Kinder –
zum Diskutieren, Schreiben, Weiterspielen.
Kl. 3/4, Verlag an der Ruhr, 2009.
ISBN 978-3-8346-0549-8

I. Böttcher, M. Becker-Mrotzek:
Lehrer-Bücherei Grundschule:
Texte bearbeiten, bewerten und benoten.
Cornelsen Scriptor, 2003.
ISBN 978-3-589-05076-5

Andrea Geffers:
Sachbuch-Kartei:
Tierisch spannend – Paket 1.
Kl. 1/2, Verlag an der Ruhr, 2010.
ISBN 978-3-8346-0675-4

Andrea Geffers:
Vorlesetheater – das Praxisbuch.
Unterrichtsvorschläge, Materialien und Vorlesestücke.
Kl. 1–4, Verlag an der Ruhr, 2009.
ISBN 978-3-8346-0424-8

Gerhard Haas:
Handlungs- und produktionsorientierter Literaturunterricht.
Kallmeyer, 1997.
ISBN 978-3-780-02003-1

Nicole Lohr, Jutta Schmeiler:
Auf die Bücher – fertig – los!
Die Werkstatt zu Ganzschriften im Unterricht.
Kl. 3/4, Verlag an der Ruhr, 2008.
ISBN 978-3-8346-0484-2

Klaus Metzger:
Lehrer-Bücherei Grundschule:
Ideenwerkstatt – 45 Unterrichtsideen Deutsch.
Cornelsen Scriptor, 2010.
ISBN 978-3-589-05160-1

Elaine Pascoe, Dwight u. David Kuhn:
Tierisch spannend – Paket 1.
6 Sach-Lesehefte.
6–8 J., Verlag an der Ruhr, 2010.
ISBN 978-3-8346-0674-7

Claudia Standfest:
Lese-Kommissare knacken jeden Text.
Mit 8 Strategien die Lesefähigkeit erweitern.
Lesekompetenzstufen 1/2 und 3/4.
Kl. 1–4, Verlag an der Ruhr, 2010.
ISBN 978-3-8346-0615-0 (Kl. 1/2)
ISBN 978-3-8346-0616-7 (Kl. 3/4)

Verlag an der Ruhr

Postfach 10 22 51
45422 Mülheim an der Ruhr

Telefon 030/89 785 235
Fax 030/89 785 578

bestellungen@cornelsen-schulverlage.de
www.verlagruhr.de

Es gelten die Preise auf unserer Internetseite.

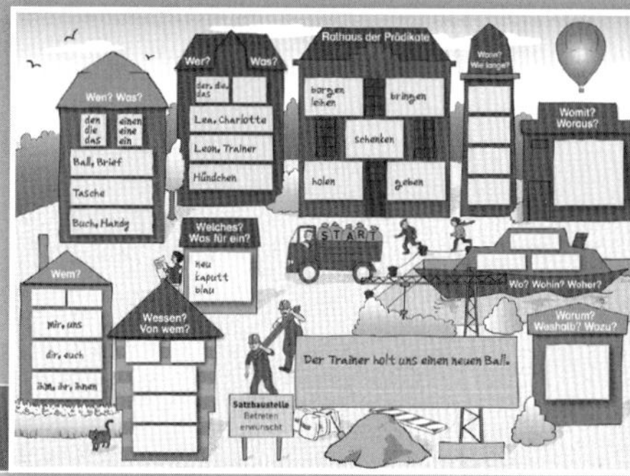

■ Die Satzbaustelle

Satzbau anschaulich – mit Poster und differenzierten Arbeitsblättern

Karl Dieter Bünting

Kl. 2–4, farbiges Poster A0 + 56 S. Begleitheft A4

ISBN 978-3-8346-0619-8

Best.-Nr. 60619

17,50 € (D)/18,– € (A)/28,20 CHF

■ Zum Schreiben verführen!

Über 100 Schreibanlässe für eigene Klapp-, Falt- und Pop-up-Bücher

Barbara Fairfax, Adela Garcia

Kl. 2–4, 91 S., A4, Paperback

ISBN 978-3-8346-0482-8

Best.-Nr. 60482

19,80 € (D)/20,35 € (A)/32,– CHF

■ Deutsch mit dem ganzen Körper

60 Bewegungsspiele für alle Bereiche des Deutschunterrichts

Katrin Barth, Angela Maak

Kl. 1–4, 98 S., 16 x 23 cm, Paperback

ISBN 978-3-8346-0481-1

Best.-Nr. 60481

12,80 € (D)/13,15 € (A)/20,70 CHF

■ Das große Wortarten-Poster

mit Kopiervorlagen

Ulrich Hecker, Henny Küppers, Trudi Schutte

Kl. 2–4, A0-Poster inkl. 15 S. Begleitheft A4, in praktischer Aufbewahrungstasche

ISBN 978-3-8346-0368-5

Best.-Nr. 60368

13,50 € (D)/13,90 € (A)/21,80 CHF

Spiele • Übungen • Tipps